Julian Reichelt mit Jan Meyer

RUHET IN FRIEDEN, SOLDATEN!

Julian Reichelt mit Jan Meyer

RUHET IN FRIEDEN, SOLDATEN!

Wie Politik und Bundeswehr die
Wahrheit über Afghanistan vertuschten

Steinau, 10.9.2010

Udo Rauch.

Fackelträger

Die Rechte für die Karte auf Seite 10/11 liegen bei Peter Palm,
Berlin. Die Schreibweisen darin orientieren sich am Diercke
Weltatlas und können somit von den im Text verwendeten
abweichen.

© 2010 Fackelträger Verlag GmbH, Köln
Alle Rechte vorbehalten
Satz: Bild1Druck GmbH, Berlin
Gesamtherstellung: VEMAG Verlags- und Medien AG, Köln
Printed in EU

ISBN 978-3-7716-4466-6

www.fackeltraeger-verlag.de

Den Männern und Frauen im Einsatz

INHALT

»Hier gilt die Straßenverkehrsordnung.«
Hinweisschild im deutschen Feldlager Kunduz

»Wir sind zahlenmäßig viel weniger, aber wir sind
tapferer. Deutsche Mütter werden noch viele Särge nach
Afghanistan schicken müssen für ihre Söhne.«
Qari Bashir Haqqani, Taliban-Kommandeur in Kunduz,
über den Kampf gegen die Bundeswehr

DAS AFGHANISCHE JAHRZEHNT

»Einen wunderschönen guten Morgen«, wünschte Oberst Georg Klein, öffnete die Hände zum blauen Himmel über Kunduz, so wie es die Muslime zum Gebet tun, und blinzelte durch seine Brille in die Sonne.

Das war, bevor irgendjemand in Deutschland jemals von Oberst Georg Klein gehört hatte. Bevor deutsche Politiker das Wort »Krieg« zu sagen wagten. Bevor Kunduz zum Schauplatz für die Geschichtsbücher wurde. Es war an einem sonnigen Tag im Mai 2009.

Oberst Klein wusste bereits, dass er sich im Krieg befand. Denn nur zwei Wochen zuvor war einer seiner Soldaten von einer Panzerfaust zerrissen worden, in einem Gefecht gegen fünfzig schwer bewaffnete Taliban, das mehrere Stunden gedauert hatte. »Der erste deutsche Soldat, der seit dem Zweiten Weltkrieg mit der Waffe in der Hand gefallen ist«, würde Oberst Klein später sagen. Die Granate hatte den jungen Hauptgefreiten, 21 Jahre alt, in den Oberkörper getroffen und einen Arm abgetrennt. Klein hatte gesehen, wie seine Soldaten den Gefallenen zurück ins Feldlager von Kunduz gebracht hatten. Grausam zugerichtet, blutleer, leblos. Klein hatte gesehen, wie seine Soldaten den blutverschmierten Panzer ausgespült hatten.

Der Sarg mit der Leiche des Hauptgefreiten wurde später in einen Kühlcontainer geschoben. Oberst Klein sah den Sarg und er sah seine Soldaten, die mit Tränen in den Augen vor dem Kühlcontainer die Ehrenwache hielten. Nur wollte damals niemand in Deutschland derartige Geschichten hören. Geschichten vom Krieg in Afghanistan. Denn offiziell gab es diesen Krieg nicht. Der Verteidigungsminister sagte, es gebe keinen Krieg. Der Generalinspekteur sagte, es gebe keinen Krieg. Die meisten Bundestagsabgeordneten sagten, es gebe keinen Krieg.

»Entweder töten wir die oder die uns«, sagte uns ein deutscher Leutnant damals in Kunduz. »Was soll das denn sonst sein, wenn nicht Krieg?«

Seit diesem Tag im Mai 2009 hat sich viel verändert in Deutschland. Es gibt einen neuen Verteidigungsminister, der von »Krieg« spricht. Der Generalinspekteur hat seinen Posten verloren. In Kunduz starben bis zu 142 Menschen, darunter auch Kinder, als Oberst Georg Klein zwei Tanklaster bombardieren ließ. Im Frühling 2010 fielen innerhalb weniger Tage sieben deutsche Soldaten in erbitterten Kämpfen mit den Taliban.

Es gibt inzwischen ein neues Ziel für die deutsche Mission am Hindukusch: Es lautet nicht mehr »Demokratie für Afghanistan«, sondern »selbsttragende Sicherheit«. Die Afghanen sollen so bald wie möglich selber auf ihr Land aufpassen, und dann nichts wie weg. Ein gutes Jahrzehnt lang, seit Anfang 2002, werden deutsche Soldaten dann in

Afghanistan gekämpft haben. Der längste Krieg der Deutschen.

»Der schnellste Weg, einen Krieg zu beenden«, schrieb George Orwell, »ist ihn zu verlieren.« Doch einen Guerillakrieg wie in Afghanistan kann man nicht wirklich verlieren. Man kann keine Ländereien verlieren, keine Brücken, keine Bergwerke, keine Fabriken, und man muss keine Reparationen zahlen. Man zieht eines Tages ab und verliert nur so sehr, wie man eingesteht, verloren zu haben.

Um nicht zu viel eingestehen zu müssen, hat die deutsche Politik ihre ursprünglichen Kriegsziele, für die deutsche Soldaten jahrelang gekämpft haben und gestorben sind, längst aufgegeben. Der neue Plan lautet, Afghanistan in die Hände der afghanischen Armee und der afghanischen Polizei zu legen. Aber die afghanischen Sicherheitskräfte sind in einem solch katastrophalen Zustand – korrupt, undiszipliniert, brutal, nur gegenüber ihren eigenen Familien loyal und bei der afghanischen Bevölkerung verhasst –, dass sie das Land niemals gegen die Taliban, gegen Drogenbarone und Kriegsfürsten werden verteidigen können. Sie werden es schwer haben, sich selbst zu verteidigen. Viele von ihnen werden die Uniformen mit der afghanischen Flagge auf dem Ärmel ausziehen und in ihre Dörfer zurückkehren. Viele werden sich den Taliban oder anderen radikalen Gruppen anschließen.

Die Deutschen werden abziehen und das Land wieder in die Hände der Tyrannen legen, denen sie es einst entrissen haben. Man kann das »Übergabe in Verantwortung« nennen, aber ebenso gut Kapitulation. Das »afghanische Jahrzehnt« ist auf dem besten Weg zu beweisen, dass

Deutschland nicht »kriegsfähig« ist. Das liegt natürlich auch daran, dass die Deutschen nie wieder »kriegsfähig« sein wollten. Die Bundeswehr schulte ihre Soldaten jahrzehntelang darauf, so beamtenhaft, unbedrohlich und freundlich wie möglich aufzutreten.

Im Sommer 2005 reisten wir nach Kabul, um über ein Konzert zu berichten, das Peter Maffay für deutsche Soldaten gab. Wir schrieben, dass einige der Soldaten, die zu *Und es war Sommer* ihre Feuerzeuge schwenkten, dabei noch ihre Sturmgewehre trugen. »Musstet ihr denn unbedingt ›Sturmgewehre‹ schreiben?«, tadelte der Presseoffizier uns am nächsten Tag. »Das klingt doch so martialisch. Das muss doch nicht sein.«

Bloß keine Gewehre, bloß kein Krieg.

Die *Washington Post* veröffentlicht im Internet seit beinahe zehn Jahren die Namen und Fotos toter US-Soldaten. »Faces of the Fallen« heißt die Seite. Die Gesichter der Gefallenen. In Deutschland hingegen dauerte es rund sechs Jahre, bis die Toten der Afghanistan-Mission überhaupt »Gefallene« genannt werden durften. Bis zum Oktober 2008 waren sie im Sprachgebrauch des Verteidigungsministeriums »einsatzbedingt ums Leben gekommen«.

Der ehemalige Generalinspekteur Wolfgang Schneiderhan sagte auf seiner letzten Pressekonferenz im Amt, dass sich in Afghanistan »militärische Lagen ergeben können, in denen auch der Einsatz tödlich wirkender Waffen unumgänglich ist«. Er hätte auch sagen können, dass deutsche Soldaten im Krieg eben manchmal töten müssen. Aber mit seiner verdrucksten, verschleiernden Sprache hatte er Karriere gemacht. Die elendige Realität des Krieges, die Schneiderhan als Soldat selbst nie durchleben musste, kam in seiner Sprache nicht vor. Deutschlands ranghöchster Soldat fürchtete den Krieg.

Der Krieg ist den Deutschen fremd geworden. Das ist gut – solange man keine Kriege führen muss. Der Gedanke, dass Deutsche in einem fernen Land, an einem miserablen Ort töten, töten für ein höheres Ziel, töten, damit andere Menschen in Sicherheit und Frieden leben können, erscheint in Deutschland fast ungehörig. Was für die Amerikaner ein Heldenepos ist, dass tapfere Männer irgendwo da draußen im Dreck schlafen, damit die Familien zu Hause ihre Kinder ins sichere Bett bringen können, ist in Deutschland nicht viel mehr als ein kriegsverherrlichendes Klischee.

Auf der Trauerfeier für vier gefallene Soldaten in Ingolstadt, am 24. April 2010, versuchte Verteidigungsminister Karl-Theodor zu Guttenberg die Abkehr von dieser in Jahrzehnten des Friedens geprägten Wahrnehmung der Deutschen. »Es mögen im 21. Jahrhundert immer noch viele nicht hören«, sagte Guttenberg, »aber es stimmt: Dass in Afghanistan für unser Land, für dessen Menschen, also für jeden von uns, gekämpft und gestorben wird.«

Die Frage, wie gut deutsche Soldaten ihr Handwerk des Kämpfens – und des Tötens – beherrschen, wurde in Deutschland über Generationen nicht gestellt. Und die Frage, ob die deutsche Gesellschaft überhaupt will, dass ihre Soldaten gut, vielleicht sogar die Besten im Kämpfen und Töten sind, bleibt bis heute unbeantwortet. Egal, ob die Soldaten der Bundeswehr in Afghanistan oder in Deutschland sind, ihre sehr speziellen, manchmal brutal anmutenden Interessen und Bedürfnisse sind den Deutschen fern. Man ignoriert sie, so weit es irgendwie geht.

Ein Reporter der *New York Times* schrieb im Winter 2009 eine ausführliche Geschichte über die Deutschen und ihre Armee: »Oft habe ich am Berliner Hauptbahnhof die traurigen, verlorenen Soldaten gesehen. Nie blieb jemand stehen, um ihnen für ihren Dienst zu danken oder sie gar zu fragen, ob sie in Afghanistan gewesen sind«, berichtete der Journalist. »Manchmal wurden die Soldaten sogar feindselig angesehen, während die meisten Menschen einfach so taten, als wären sie gar nicht da.«

Das Magazin *Titanic* veröffentlicht regelmäßig satirische Scherze über die deutschen Soldaten in Afghanistan. Sie reichen von erfundenen, persiflierenden Werbesprüchen für die Bundeswehr (»Heute ein Mörder«) bis hin zu Fotomontagen, auf denen man sich über Gefallene lustig macht. Ein nachempfundenes Werbeplakat im typischen Design der Deutschen Post zeigt einen Soldaten in Afghanistan, auf dessen Brust das Namensschild mit dem Schriftzug *Schütze-Arsch* prangt. »Die Deutsche Post – immer und überall ein Bombenservice«, steht als Werbetext auf dem Plakat. Und weiter: »Wir sorgen in enger Kooperation mit der Bundeswehr dafür, dass die Angehörigen unserer Soldatinnen und Soldaten immer wissen, wo die Liebsten sind. Und in welchem Zustand. Beziehungsweise in wie vielen Teilen!«

Man kann das komisch finden oder eben auch nicht. Man muss aber vor allem sagen, dass sich in keinem anderen Mitgliedsstaat der NATO Gesellschaft und Armee so weit voneinander entfernt haben, dass irgendjemand derartige Späße wagen würde. Es gibt kein anderes Land, das seine Soldaten in einen Krieg schickt und zu Hause als »Mörder« verunglimpft.

Der Krieg ist den Deutschen fremd geworden, Deutschland ist nicht »kriegsfähig«. Nicht die Bevölkerung, die über Afghanistan so wenig wie möglich erfahren möchte und die Soldaten am liebsten sofort von dort abziehen würde. Nicht die Politiker, die ihre Wähler nicht mit Horrormeldungen vom Hindukusch verschrecken wollen. Bei vielen Mitgliedern des Verteidigungsausschusses im Bundestag beschleicht einen das Gefühl, dass sie sich mit den Feinheiten militärischer Strategie oder gar mit den Lehren früherer Kriege in Afghanistan nie wirklich auseinandergesetzt haben. Standardwerke über die Konflikte des 21. Jahrhunderts, wie etwa das *Counterinsurgency Field Manual*, haben nur die wenigsten dieser Politiker gelesen, einige ersparten sich sogar die Lektüre des rund 40-seitigen Berichts von ISAF-Kommandeur Stanley McChrystal über die militärische Lage in Afghanistan. Und das, obwohl eben jene Abgeordneten ihre Parteien über den Krieg informieren sollen. Obwohl sie Entscheidungen treffen sollen, von denen das Leben deutscher Soldaten abhängt.

Auch viele Karriereoffiziere im riesigen Apparat des Verteidigungsministeriums sind nicht »kriegsfähig«, da sie verinnerlicht haben, dass die Überbringer schlechter Nachrichten nicht befördert werden. Der deutsche Afghanistan-Einsatz wird von Männern befehligt, die in den Jahrzehnten des Kalten Krieges in Schreibstuben und Kasernen Karriere machten und nie in ihrem Leben kämpfen mussten, außer vielleicht beim jährlichen Manöver. Die wenigsten dieser Offiziere und Generale in den Planungsstäben, im Ministerium und im Einsatzführungskommando haben ein tiefes Verständnis vom Geist ihrer Truppe. Sie haben kaum Zugang zu jenem seltsamen Gemisch aus

Gefühlen, das in einem Krieg entsteht. Angst und Tapferkeit, Kameradschaft und Einsamkeit, Macho- und Heldentum, Rachedurst, Wut, Brutalität, Niedergeschlagenheit, Hoffnungslosigkeit und dann wieder Tatendrang. Viele hochrangige Offiziere verstehen die eigenen Soldaten nicht – und sollen über Situationen entscheiden, die sie selbst nie erlebt haben.

Sogar der Wochenzeitung *Die Zeit* ist die deutsche Armee nicht mehr »kriegsfähig« genug. »Alles außer kämpfen«, titelte das Blatt im März 2010. Und weiter: »Die Bundeswehr ist heute eine globalisierte Armee, modern und offen. Nur wenn sie, wie jetzt in Afghanistan, unter Feuer gerät, ist sie überfordert. Wozu ist die Truppe dann gut?« Im Text hieß es dann über die Einsatzbereitschaft der deutschen Soldaten: »Damit kann man Russland nicht erobern, klar.«

Wenn schon *Die Zeit* sich über die (mangelnde) Kriegstüchtigkeit der Bundeswehr lustig macht, hat die Bundeswehr wirklich ein ernsthaftes Problem.

Seit dem blutigen Frühling 2010 mit seinen sieben deutschen Gefallenen hat ein leiser Wandel eingesetzt. Die Trauerfeiern für die Toten finden nicht mehr unter Ausschluss der Öffentlichkeit statt, neuerdings nimmt auch Kanzlerin Angela Merkel daran teil und gibt den Soldaten das letzte Geleit. Mit seinem Satz »Ruhet in Frieden, Soldaten«, gesprochen an ihren Särgen, hat Verteidigungsminister Guttenberg eine Formel gefunden, die unmissverständlich zum Ausdruck bringt, wie die Männer gestorben sind: als Soldaten im Dienst für ihr Land. Dieser Satz, »Ruhet in Frieden, Soldaten«, markiert einen Wendepunkt in der öffentlichen Wahrnehmung des Afghanistan-Krieges.

Dieses Buch soll eine erste Bilanz des deutschen Engagements am Hindukusch sein – und leider fällt sie nicht gut aus. Es ist eine Geschichte des Wegsehens und Vertuschens. Eine Geschichte von jungen Soldaten, die mangelhaft ausgebildet in einen tückischen Guerillakrieg geschickt wurden. Von Kommandeuren, die in Berlin um bessere Ausrüstung baten und schlichtweg ignoriert wurden. Von irrsinniger Bürokratie in einem Kriegsgebiet, für die deutsche Soldaten sich von ihren Alliierten verhöhnen lassen müssen. Von kaltem Bier und gutem Essen, um das die deutschen Soldaten von vielen Kameraden beneidet werden. Von zwielichtigen afghanischen Verbündeten, die eher gefährlich als hilfreich sind. Von deutschen Politikern, die in Afghanistan Bäume pflanzten, während Soldaten der Bundeswehr in erbitterten Gefechten standen. Es ist die Geschichte von einer Fantasiewelt, in der sich die Deutschen gemütlich eingerichtet hatten, bis sie bei dem Luftangriff auf zwei Tanklaster unterging.

Es ist die Geschichte eines verkorksten Krieges, eines weitgehend verlorenen Jahrzehnts.

Erste Szene

HARTES ZEUG

Das Büro der Presseoffiziere im deutschen Feldlager Kunduz liegt im sogenannten Rosengarten. Wenn die Tür des Pressebüros offen steht, blickt man in diese kleine grüne Anlage, die von schmalen Wegen durchzogen wird. Die Rosenranken stehen ordentlich gestutzt, wie in einem deutschen Vorgarten. Zwischen den Rosen kriechen Schildkröten. Auf die Rückenpanzer der Schildkröten haben die deutschen Soldaten mit bunten Filzstiften Namen geschrieben. Gartenmöbel und Sonnenschirme stehen im Rosengarten, auf den Tischen stehen volle Aschenbecher. Es ist eine dieser kleinen Oasen, die die Bundeswehr sich schuf, als es noch verhältnismäßig ruhig war im Norden Afghanistans. Die Soldaten können hier mit einem Kaffee im Schatten sitzen, rauchen und abends auch mal ein kühles Bier trinken. Der Krieg ist weit weg an diesem Ort.

An einem Abend im Mai 2009 sitzen wir hier im Pressebüro. Die Tür steht offen, draußen ist es mild, in der Dunkelheit summen Insekten. »Ich zeig euch mal was«, sagt ein altgedienter Feldwebel aus dem Pressestab und klappt seinen Laptop auf. Seine freundlichen dunklen Augen blitzen verschwörerisch unter seinen hängenden Augenlidern. Er startet ein Video, lehnt sich auf seinem Gartenstuhl zurück, zieht noch einmal an seiner Zigarette und faltet dann die Hände über dem gemütlichen Bauch.

Auf dem Video sehen wir tanzende deutsche Soldaten. Manche von ihnen tanzen mit freiem Oberkörper, andere sind als schwule Cowboys verkleidet. Die Männer stehen auf den Flügeln einer Transall, der bulligen Transportmaschine der Bundeswehr, mit der die Soldaten nach Afghanistan geflogen werden. Zur Schlagermusik von *Komm hol das Lasso raus, wir spielen Cowboy und Indianer* schwingen sie imaginäre Lassos in der Luft, schlagen sich auf den Hintern, als würden sie ein Pferd zum Galopp antreiben, lassen die Hüften kreisen und mimen eindeutig zweideutige Reitbewegungen. »Da lachen die Leute in Deutschland immer, wenn ich das zeige«, sagt der Feldwebel. »Die stellen sich Afghanistan ja ganz anders vor.«

Nach einer weiteren Zigarette sagt der Feldwebel: »Ich kann euch noch was zeigen.« Er klickt das Video weg und öffnet einen Ordner mit Fotos. »Das ist aber hartes Zeug.«

Das erste Foto zeigt einen zerfetzten olivgrünen Bus mit der Aufschrift »ISAF«. Die Fenster sind zersplittert, die Fensterrahmen schwarz verkohlt und verbogen. Im Inneren des Busses erkennt man schemenhaft die deutschen Tarnfleck-Uniformen von zusammengesackten Soldaten. Schweigend zeigt uns der Feldwebel eine ganze Galerie solcher Horrorbilder. Blutlachen auf der Straße, dunkel verfärbte Uniformfetzen, leblose Körper, die auf Tragen weggebracht werden, abgerissene Gliedmaßen.

Es sind Fotos vom 7. Juni 2003. Fotos aus einem Krieg.

An jenem 7. Juni sprengte sich ein Selbstmordattentäter neben dem Bus der Bundeswehr in die Luft. Im Bus saßen 33 Soldaten. Sie waren auf dem Weg zum Flughafen von Kabul, sie sollten nach Hause fliegen, nach Deutschland, zu ihren Familien. Vier von ihnen starben, 29 wurden verletzt. Viele von ihnen leiden bis heute an den schweren Verwundungen.

Obwohl es für diesen Tag im Juni 2003 mehrere Anschlagswarnungen für die Straße zum Flughafen gab, saßen die deutschen Soldaten in einem Bus aus Trompetenblech, statt in einem schwer gepanzerten Konvoi. Der Bus war als militärisches Fahrzeug und somit als Ziel klar erkennbar, aber nicht geschützt. Die Straße war leer an diesem Tag, viel zu leer. Keine Einheimischen am Straßenrand, ungewöhnlich wenig Autos. Ein schlechtes Zeichen, das niemand bemerkte.

Der Bus war ein Symbol der Deutschen. Ein Symbol dafür, dass kein Krieg war in Afghanistan. Denn wo Soldaten in einem normalen, ungepanzerten Bus aus Trompetenblech zum Flughafen fahren können, kann kein Krieg sein. Der Bus sollte zeigen, dass die Deutschen sich in Afghanistan sicher fühlten.

»Ich kann nicht erkennen, dass wir fahrlässig gehandelt haben«, sagte der damalige Verteidigungsminister Peter Struck nach dem Anschlag. Es wäre »völlig unangemessen, über den Särgen der Soldaten« über mögliche Versäumnisse der politischen und militärischen Führung zu diskutieren.

Was heute selbstverständlich ist – Soldaten in gepanzerten Fahrzeugen zu transportieren –, wurde damals als absurd abgetan. Der Einsatz solcher Fahrzeuge würde es unmöglich machen, ein Klima der Normalität und der Vertrauensbildung zu schaffen, wie es der Auftrag der Truppe sei, hieß es seinerzeit im Bundesverteidigungsministerium.

»Der damalige Verteidigungsminister Peter Struck konnte uns nicht in die Augen sehen. Kein Wort des Bedauerns, nichts«, sagte eine der Witwen später über die Trauerfeier für ihren gefallenen Mann.

»Nicht schön«, sagt der Feldwebel, nachdem er uns alle Fotos gezeigt hat. »Da kommt man schon ins Grübeln.« Das letzte Foto ist kurz nach dem Anschlag im Lazarett aufgenommen worden. Es zeigt einen deutschen Sanitäter, der irre entrückt in die Kamera grinst, während er dabei hilft, einem Soldaten die Schrapnell-Splitter aus dem Körper zu operieren. Es ist ein wahres Foto vom Krieg. Es zeigt, was der Krieg mit den Menschen macht, mit ihren Körpern und ihren Seelen. Wären diese Bilder damals, 2003, in deutschen Zeitungen erschienen – das Märchen von der Wiederaufbau-Mission der Bundeswehr wäre schlagartig enttarnt gewesen.

Der Feldwebel steht auf und holt noch drei kalte Dosen Budweiser aus dem Kühlschrank, der neben dem Schreibtisch steht. Im Sommer zwei Jahre zuvor, am 19. Mai 2007, waren drei Bundeswehrsoldaten zum Markt von Kunduz ausgerückt, um einen ebensolchen Kühlschrank für das Pressebüro zu kaufen. Einen Kühlschrank auf dem lokalen Markt, um das Vertrauen der Afghanen zu gewinnen und die einheimische Wirtschaft zu stärken. Auch das war als Symbol gedacht. Die drei deutschen Soldaten wollten zeigen, dass sie sich sicher in Kunduz fühlten. Sie hatten keine Kampferfahrung.

Sie kamen an jenem Tag nicht dazu, einen Kühlschrank zu kaufen. Sie starben auf dem Markt, als sich ein Selbstmordattentäter neben ihnen in die Luft sprengte.

Erstes Kapitel

MIT DER WAFFE IN DER HAND

Das Wetter war nahezu optimal für einen Bombenangriff. Die Luft war knapp 20 Grad warm, und am Himmel über Kunduz hingen in der Nacht auf den 4. September 2009 nur leichte Zirruswolken. Zwischen 1 und 2 Uhr nachts gab es keine Sichtbehinderungen, der Mond schien hell auf die Sandbank im Kunduz River, der Wind wehte mit lauen fünf bis zehn Stundenkilometern aus südwestlicher Richtung.

»Die Wetterbedingungen zum Zeitpunkt des Luftschlags waren sehr günstig«, würde es später im Bericht der NATO heißen. »Die Sichtbedingungen waren durch das Mondlicht und die ruhige Atmosphäre außerordentlich gut. Die sehr wenigen Wolken … stellten kein Hindernis für den Lufteinsatz dar; das Ziel war möglicherweise kurzzeitig verdeckt, jedoch nicht länger als wenige Sekunden … Der Mond war bereits um 17 Uhr 32 aufgegangen und strahlte mit 97 bis 100 Prozent, sodass die Ereignisse durch fast vollständigen Mondschein beleuchtet wurden.«

Auf einer Videoleinwand im deutschen Feldlager in Kunduz beobachtete Oberst Georg Klein die Szenerie.

Zwei entführte Tanklaster. Der eine gefüllt mit Normal-
benzin, der andere mit Diesel. Um die Tanklaster herum
eine große Gruppe von Taliban. Rund 70 Kämpfer, schätzte
Oberst Klein. Das waren die Männer, die seine Soldaten in
den vergangenen Monaten immer wieder in schwere
Kämpfe verwickelt hatten. Das waren die Männer, die auf
seine Soldaten geschossen, sie getötet und verwundet hatten. Über den Taliban kreisten zwei amerikanische Kampfjets vom Typ F-15E. Die Bilder ihrer Waffenkameras über-
trugen sie live auf die Videoleinwand, auf die Oberst Klein
blickte.

Klein beschloss, diese Gelegenheit nicht verstreichen zu
lassen. Er dachte an die Anschläge der vergangenen Monate, an die Sprengfallen und Hinterhalte. An seine toten
und verwundeten Soldaten. Er dachte, so würde er später
zu Protokoll geben, an einen Grundsatz seiner militärischen Erziehung:»Jeder Soldat und jede Soldatin muss
sich stets bewusst sein, dass Unterlassen und Versäumnis
sie oder ihn stärker belasten können als ein Fehler im
Handeln.«

Klein handelte. Er ließ die Piloten der beiden Kampfjets
anweisen, zwei 500-Pfund-Bomben vom Typ GBU-38 auf
die Tanklaster und die Menschenansammlung zu werfen.
Um 1 Uhr 49 schlugen die Bomben ein und rissen zwei
circa zwei Meter tiefe Krater in die Sandbank. Auf der
Videoleinwand sah Klein einen weißen Blitz, der sich im
Bruchteil einer Sekunde zu einer großen Kugel ausdehnte.
Der Feuerball der Explosionen. Wenig später sah Klein
eine pilzförmige dunkle Wolke aufsteigen.

»Als Christ und als verantwortungsbewusster Offizier
bin ich mir über die Tragweite meines Entschlusses im

Klaren gewesen. Ich habe diesen schweren Herzens getroffen«, sagte Klein Monate später vor dem Untersuchungsausschuss. Er beschrieb die Stimmung im Feldlager Kunduz nach der Bombardierung: »Wir waren traurig, weil wir
der Meinung waren, wir hatten eine schwere Entscheidung zu treffen, und wir gingen unseres Weges, und ich
bin, wenn ich das hier sagen darf, in die Kapelle gegangen
und habe danach erst einmal gebetet.«

Er habe zwar auch an die Sicherheit seiner Soldaten gedacht, so Oberst Klein vor dem Ausschuss, aber: »Das bedeutet nicht, dass ich keine Anteilnahme für die Menschen
empfunden habe, die eben ihr Leben verloren hatten. Ich
hatte mich mit dieser Entscheidung intensiv auseinandergesetzt und als Christ Gott um Beistand und Vergebung
gebeten.«

In Deutschland war es 23 Uhr 19, noch der 3. September,
als die Bomben einschlugen. Es war der Moment, in dem
die jahrelang gehegte Mär vom sauberen Einsatz, von der
reinen Wiederaufbau-Mission zerplatzte.

Trotz der beunruhigenden und noch vagen Meldungen,
die am Morgen des 4. Septembers aus Kunduz einliefen,
entschied man sich im Bundesverteidigungsministerium in
Berlin rasch dazu, die Bombardierung als Erfolg zu verkaufen. Um 6 Uhr früh stellte man eine Pressemeldung auf
die Internetseite der Bundeswehr:

»Erfolgreicher Einsatz gegen Aufständische im Raum
Kunduz
Berlin/Kunduz, 04.09.2009, Stand: 6 Uhr.
In der Nacht zum Freitag, den 4. September, wurden
durch Aufständische an einem vorgetäuschten Check-

point, ungefähr sieben Kilometer südwestlich des Provincial Reconstruction Teams (PRT) Kunduz, gegen
1.50 Uhr Ortszeit, zwei beladene Tanklastzüge geka-
pert, um den Treibstoff für eigene Zwecke in den Dis-
trikt Chahar Darreh zu verbringen. Dabei wurden sie
aufgeklärt und um 2.30 Uhr Ortszeit erfolgreich be-
kämpft. 56 Aufständische wurden getötet, Zivilisten
kamen vermutlich nicht zu Schaden.«

An dieser ersten Pressemitteilung des Verteidigungsministeriums stimmte so gut wie gar nichts. Die Tanklaster
wurden nicht sieben, sondern 20 Kilometer südlich des
deutschen Feldlagers entführt. Die Entführung geschah
nicht um »1.50 Uhr Ortszeit«, sondern nachmittags vor
15 Uhr 30. Die Tanklaster wurden nicht um »2.30 Uhr
Ortszeit«, sondern um 1 Uhr 49 bombardiert und zerstört.
Und dass Zivilisten »zu Schaden« gekommen waren, war
schon an jenem Freitagmorgen absehbar. Heute gilt es als
gesichert.

   Wirklich beispielhaft für die chaotische und unprofessio-
nelle Arbeit im Bundesverteidigungsministerium aber
waren zwei andere Informationen in der Mitteilung. Zum
einen stand da das Wörtchen »erfolgreich« in der Überschrift. »Erfolgreicher Einsatz gegen Aufständische«. Zum
anderen war die Zahl der getöteten Aufständischen mit 56
ungewöhnlich präzise für die normalerweise sehr unübersichtliche Lage nach einem schweren Luftangriff, zumal
die Bomben in der Dunkelheit gefallen waren. Außerdem
war die Bundeswehr bis zum 4. September bekannt dafür,
niemals die Zahl der getöteten Feinde, den sogenannten
»Bodycount«, anzugeben. »Bodycount« galt als vergiftetes

Wort aus dem Vietnamkrieg. »Außerdem geht es hier nicht darum, wie viele Taliban wir töten«, hatte uns der Presseoffizier in Kunduz, Major Markus Beck, nur vier Monate zuvor gesagt. »Es geht darum, das Vertrauen der Bevölkerung zu gewinnen.« Die Bundeswehr gab nicht einmal Auskünfte über die Zahl von getöteten Taliban, wenn diese nach einem Gefecht klar erkennbar vor den deutschen Soldaten in einem Feld lagen. Wie kam das Verteidigungsministerium ausgerechnet jetzt zu dieser genauen Opferangabe?

Die Antwort gab Oberst Georg Klein rund fünf Monate später vor dem Untersuchungsausschuss.

In der Nacht zum 4. September hatten er und seine Leute rund 70 Personen bei den entführten Tanklastern ausgemacht. Man hatte die Menschen nicht etwa mit eigenen Augen gesehen, sondern die kleinen hin und her flitzenden schwarzen Punkte auf den grisseligen schwarz-weißen Videobildern gezählt, die von den beiden US-Kampfjets in Kleins Einsatzzentrale gefunkt wurden. Eine höchst ungenaue Schätzung.

In der kalten Mathematik des Militärs hatten die beiden 500-Pfund-Bomben, die Klein abwerfen ließ, eine theoretische »Zerstörungsquote« von 80 Prozent. »Wir gingen von 70 Personen aus«, so Klein vor dem Ausschuss. »Davon 80 Prozent getroffen. Deswegen die 56 ... Das ist eben eine mathematische Ausrechnung aus der Zahl der Personen, die wir vor Ort annahmen.«

Die 56 »getöteten Aufständischen« in der offiziellen Meldung waren nichts weiter als eine höchst theoretische Zahl aus dem Taschenrechner. Ebenso abwegig wie die Zahl 56, war die Überschrift über der Pressemitteilung, die

inzwischen selbst im Verteidigungsministerium als geflü-
geltes Wort für missratene Öffentlichkeitsarbeit gilt.

»Erfolgreicher Einsatz gegen Aufständische.«

Im Pressestab des Einsatzführungskommandos der Bundeswehr in Potsdam plädierte man an diesem hektischen
und unübersichtlichen Morgen des 4. Septembers für eine
eher nüchterne Meldung. Aber der diensthabende Offizier
im Berliner Bendlerblock setzte vor die neutrale Überschrift »Einsatz gegen Aufständische« das Wort »Erfolgreicher«. »Wir haben davon abgeraten«, erzählt der damals
verantwortliche Offizier des Presse- und Informationszen-
trums im Einsatzführungskommando. »Das Wort ›erfolgreich‹ erschien uns im Zusammenhang mit dem Tod von so
vielen Menschen unangemessen. Egal, ob das nun Taliban
oder Zivilisten waren.«

Mit dieser fatal formulierten und obendrein nahezu
komplett falschen Meldung trat der Vize-Sprecher des Verteidigungsministeriums, Kapitän zur See Christian Dienst,
am Vormittag des 4. September um 11 Uhr 30 vor die
Presse und sprach Sätze, die im Nachhinein fast komisch
erscheinen: »Ich will nur noch einmal darauf hinweisen,
dass wir die Öffentlichkeit heute Morgen um 6 Uhr ins
Bild gesetzt haben, um eben klarzumachen, dass es hierbei um einen Vorgang der laufenden Operationsführung
geht«, so Dienst. Und weiter: »Wir haben das herausgege-
ben, was zu diesem Zeitpunkt für die Öffentlichkeit her-
auszugeben war, um eben auch klarzumachen, dass hier
transparent eine Operation läuft und nicht irgendetwas
hinter den Kulissen passiert, das niemand wissen sollte.«

Als ein Reporter nachfragte, wie man so früh so sicher
sein könne, dass es keine Zivilisten getroffen habe, ver-

spottete Dienst die Journalisten als »Bundestrainer, die vor
dem Fernseher sitzen, wenn ein Fußballspiel läuft«. Weitere Nachfragen bezeichnete der Kapitän zur See beleh-
rend als »Analysen im warmen Sessel in Berlin«.

Dienst selbst, so berichtete der *Spiegel*, hatte vor der
Pressekonferenz noch eine SMS aus dem Büro von Verteidigungsminister Franz Josef Jung bekommen. Er sollte vor
den Journalisten besser nicht erwähnen, dass die Tanklaster auf der Sandbank feststeckten. Jungs Büroleiter riet
Dienst, »den Umstand des Festfahrens zunächst wegzulas-
sen«. Denn von zwei Tanklastern, die bis über die Reifen
im Schlamm eingesunken waren, konnte keine allzu große
Gefahr für das deutsche Feldlager ausgehen. Das wäre
auch den »Bundestrainern« in ihren »warmen Sesseln« in
der Bundespressekonferenz schnell klar gewesen.

In den Stunden und Tagen nach dem verheerenden Luftangriff spann das Verteidigungsministerium noch einmal
den feinen Schleier aus Halbwahrheiten, Falschinforma-
tionen und Beschönigungen, der den Afghanistan-Einsatz
schon all die Jahre zuvor umhüllt hatte. Mal hieß es, die
Taliban hatten die hoffnungslos festgefahrenen Tanklaster
als rollende Bomben gegen das deutsche Feldlager einsetzen wollen. Anderntags erklärte der Sprecher des Verteidigungsministeriums, Thomas Raabe, die von den Deutschen im einfachen Dreisatz errechnete Zahl der 56
getöteten Aufständischen sei das Ergebnis amerikanischer
Aufklärung am Ort der Bombardierung. Am 7. September
korrigierte Raabe in der Bundespressekonferenz die
Aussage seines Kollegen Christian Dienst: »Die beiden
Lkws sind zwischen 21 Uhr und 22 Uhr Ortszeit gekidnappt
worden.«

Aber auch diese Aussage war falsch. Rund drei Tage nach dem Luftangriff hätte Raabe durchaus schon wissen können, dass Oberst Klein bereits um 20 Uhr Ortszeit von der Entführung der Tanklaster erfahren hatte.

Darüber hinaus orakelte Raabe vor der Bundespressekonferenz von einem »dritten Aufklärungsstrang, über den wir nicht öffentlich reden«. Dieser »Aufklärungsstrang«, der Oberst Klein in der Nacht angeblich zur Verfügung stand, entpuppte sich später als eine Vielzahl abgehörter Telefonate, die in der Kürze der Zeit gar nicht umfassend übersetzt werden konnten und daher so gut wie wertlos waren. Abschließend stellte Raabe fest: »Es bleibt dabei, es ist ein Stabilisierungseinsatz. Wir haben hinlänglich darüber gesprochen, warum es kein Krieg ist.«

Auch im Angesicht der Katastrophe von Kunduz blieb das Verteidigungsministerium seiner gewohnten Linie treu: tarnen, täuschen, vertuschen. Dabei könnte man durchaus argumentieren, dass diese sture Haltung die Ereignisse vom 4. September überhaupt erst heraufbeschworen hat. Über Jahre hinweg schickte der Bundestag (mit großer Mehrheit) nur gerade so viele Soldaten nach Afghanistan, wie die Abgeordneten glaubten, ihren Wählern zumuten zu können – und nicht so viele, wie die Kommandeure vor Ort gebraucht hätten, um Krisenprovinzen wie Kunduz effektiv zu kontrollieren. Dort, auf einer Fläche doppelt so groß wie das Saarland, standen Anfang 2009 rund 750 deutsche Soldaten (davon nur 440 für Patrouillen) einer hoch motivierten Taliban-Bewegung mit einigen Hundert Kämpfern gegenüber. Auf 200 bis 400 Kombattanten schätzen Geheimdienste die Stärke der Aufständischen. Intern klagten Oberst Klein und seine Vorgänger immer wieder, sie brauchten mehr Soldaten. Aber sie bekamen sie nicht.

Stattdessen spielten Verteidigungsminister Franz Josef Jung und Generalinspekteur Wolfgang Schneiderhan die Bedrohung in Interviews und bei öffentlichen Auftritten herunter. »Grundsätzlich ist der Afghanistan-Einsatz ein Erfolg«, verkündete Jung am 9. August 2009.

Nur 21 Tage später schickte der amerikanische General und Kommandeur aller NATO-Truppen in Afghanistan, Stanley McChrystal, seine eigene Beurteilung an US-Verteidigungsminister Robert Gates. »Die Lage in Afghanistan ist ernst«, schrieb McChrystal. »Die Situation verschlechtert sich. Wir stehen einer hartnäckigen und wachsenden Widerstandsbewegung gegenüber. Wenn wir die Initiative nicht in naher Zukunft zurückgewinnen, riskieren wir eine Situation, in der wir die Aufständischen nicht mehr besiegen können.« Sogar vor einem möglichen »Scheitern der Mission« warnte General McChrystal.

Generalinspekteur Wolfgang Schneiderhan sah die Situation gelassener. »Es droht keine Eskalation«, sagte er noch im September 2009, fast vier Wochen *nach* dem alarmierenden Bericht McChrystals. Und das trotz wöchentlicher Kampfmeldungen, die aus Kunduz in Berlin eintrafen und in den Unterrichtungen des Parlaments festgehalten sind. So heißt es etwa in der Unterrichtung 15/09 (Redaktionsschluss 7. April 2009, 10 Uhr): »Die Bedrohung in Afghanistan ist insgesamt erheblich. In Nordafghanistan liegt sie zurzeit je nach Provinz zwischen niedrig bis erheblich.«

Die Definition der Bedrohungsstufe »erheblich«: »Ein Staat, eine Organisation oder Gruppe verfügt über die Fähigkeit und die Absicht, deutsche Streitkräfte und/oder verbündete Streitkräfte anzugreifen. Mit Angriffen wird in naher Zukunft gerechnet.«

Die nüchtern verfassten Meldungen für die Abgeordneten des Bundestags sind wie ein Logbuch des verheimlichten Krieges. Eine Auswahl aus den Monaten April und Mai:

- »Am 05.04.09 explodierte in der Nähe der Ortschaft Chahar Darreh (rund vier Kilometer südwestlich von Kunduz) ein IED (Improvised Explosive Device; Sprengfalle) neben einer aus elf Fahrzeugen bestehenden deutschen Patrouille ... Dabei wurde ein geschütztes Fahrzeug vom Typ Dingo beschädigt.«

- »Am frühen Nachmittag des 05.04.09 wurden zur Raumsicherung eingesetzte deutsche Kräfte südlich des PRT Kunduz mit Raketen beschossen. Am gleichen Tag wurden gegen Abend deutsche Kräfte, südwestlich des PRT Kunduz, mit Handwaffen beschossen.«

- »Am 06.04.09 wurde das PRT Kunduz mit zwei Raketen beschossen. Die Raketen schlugen westlich des Lagers ein.«

- »Das Plateau Kunduz wurde am späten Abend des 07.04.09 erneut – aus vermutlich nordöstlicher Richtung – mit einer Rakete beschossen.«

- »Am 09.04.09 beschossen fünf bis sechs unbekannte Täter auf Motorrädern eine deutsche Patrouille mit Panzerabwehrhandwaffen.«

• »Am 12.04.09 wurde am frühen Abend das Plateau Kunduz mit fünf Raketen beschossen.«

• »Am Nachmittag des 14.04.09 geriet dieselbe gemischte Patrouille aus ANA (Afghan National Army) und deutschen Einsatzkräften ... nordwestlich des PRT Kunduz in einen Hinterhalt von OMF (Opposing Military Forces).«

• »Am späten Vormittag des 21.04.09 wurden deutsche Einsatzkräfte ... rund 21 Kilometer nordwestlich von Kunduz von Kämpfern der OMF mit Handwaffen beschossen.«

• »Am 23.04.09 wurde das Plateau Kunduz mit einer Rakete beschossen.«

• »Am 29.04.09 gegen 11.00 Uhr Ortszeit wurde gegen eine deutsche Patrouille des Provincial Reconstruction Team (PRT) Kunduz ein fahrzeuggestützter Selbstmordanschlag rund 15 Kilometer südlich von Kunduz verübt, bei dem fünf deutsche Soldaten verwundet wurden ... Ein geschütztes Patrouillenfahrzeug vom Typ Dingo wurde bei dem Anschlag stark beschädigt.«

• »Eine weitere deutsche Patrouille des PRT Kunduz geriet am frühen Abend des 29.04.09 (gegen 18.50 Ortszeit) rund zehn Kilometer nordwestlich von Kunduz in einen Hinterhalt. Sie wurde dabei mit Handfeuerwaffen und Panzerabwehrhandwaffen (Rocket Propelled Grenades / RPG) beschossen ... Dabei ist ein deutscher Soldat gefallen, fünf weitere Soldaten wurden leicht verwundet.«

- »Ein deutscher Konvoi des PRT Kunduz wurde am Abend des 05.05.09 rund 25 Kilometer östlich von Kunduz auf einer Hauptverbindungsstraße mit einem IED angegriffen und anschließend mit Handwaffen beschossen ... Ein geschütztes Fahrzeug vom Typ Fuchs wurde leicht beschädigt.«

- »Am Nachmittag des 07.05.09 wurde eine deutsche Patrouille rund zwölf Kilometer westlich des PRT Kunduz von OMF auf Motorrädern mit Handfeuerwaffen und Panzerabwehrhandwaffen ... beschossen. Die Patrouille erwiderte das Feuer ...«

Trotz all dieser Vorfälle blieb Verteidigungsminister Jung bei seiner Einschätzung: »Ich halte es für falsch, von einem Krieg zu sprechen. Es ist ein Stabilisierungseinsatz. Denn allein militärisch werden wir in Afghanistan keinen Erfolg haben. Ein Krieg wird nur militärisch geführt. Im Krieg findet kein Wiederaufbau statt, kein Bau von Schulen oder Krankenhäusern, im Krieg werden keine einheimischen Streitkräfte ausgebildet. In Afghanistan ist kein Krieg.«

Die Dokumente mit den Vorfällen füllen mehrere Aktenordner.

Am 29. April 2009 reiste der damalige Außenminister Frank-Walter Steinmeier nach Afghanistan. Seine erste Station war nicht etwa eines der deutschen Feldlager in Mazar-e-Sharif oder Kunduz. Steinmeier flog zunächst nach Kabul, um im größten Park der Stadt ein Apfelbäumchen zu pflanzen. »Was wir hier sehen«, sagte Steinmeier, »ist das neue Afghanistan. Ein Afghanistan, in dem wieder Bäume gepflanzt werden.«

Es war eine Reise in einen Märchenwald, wie sich bald zeigen sollte. Wenige Stunden nachdem Steinmeier im Schatten eines eigens dafür aufgespannten Zeltes Erde auf die Baumwurzeln geschippt hatte, war ein deutscher Soldat tot, neun waren schwer verwundet. Getötet und verletzt bei schweren Gefechten mit den Taliban nahe Kunduz.

Für Oberst Georg Klein und seine Soldaten mussten die Worte der Minister von Wiederaufbau und dem neuen Afghanistan daher wie Hohn klingen. »Wir Soldaten in Kunduz haben den Ernst der Lage hart gespürt«, sagte Klein später vor dem Untersuchungsausschuss. »Meine Infanteristen haben die zum Teil stundenlangen Gefechte als Krieg empfunden. Kunduz hat uns und auch mich … mit vier gefallenen deutschen Soldaten, fünf alliierten Gefallenen und einer Vielzahl an Leib und Seele verwundeten Soldaten bis an die Grenzen gefordert … Ich hätte gerne auch, wie viele meiner Vorgänger, Brunnen gebohrt und Schulen eingeweiht. Die Lage ließ dies nicht zu … Ich hätte auch den Polizeiaufbau gerne noch weiter unterstützt. Aber die Lage ließ dies nicht zu.«

Die permanent wiederkehrenden Beschwichtigungen in Berlin führten dazu, dass die Soldaten in Kunduz sich allein gelassen fühlten. Vergessen und verdrängt von den Deutschen, vernachlässigt und unverstanden von der Politik. Zu wenige waren sie, und ohne schwere Waffen, die zu sehr nach Krieg ausgesehen hätten.

»Wir haben immer gewusst, dass erst etwas Großes passieren muss, damit die Menschen in Deutschland endlich begreifen, was in Afghanistan los ist«, erzählt ein junger Leutnant, 26 Jahre alt, über den Luftangriff vom 4. September. In Kunduz war er für das Leben von dreißig Männern verantwortlich. »Wir haben immer gewusst, dass irgendwann etwas passieren wird. Nur, so schlecht wie wir ausgerüstet waren, haben wir damit gerechnet, dass es irgendwann 80 tote Deutsche geben würde und nicht 80 tote Taliban.«

So fand sich Oberst Georg Klein in der Nacht zum 4. September 2009 gefangen in einer verhängnisvollen Situation. Erstens: Klein musste sich nach den verlustreichen, oft frustrierenden Monaten in Kunduz und nach den realitätsfernen Aussagen seiner Vorgesetzten geradezu als einsamer Kämpfer fühlen. Zweitens: Er hatte militärisch kaum Alternativen zu dem Luftangriff.

In Kleins Entscheidung zum Angriff lagen wohl auch die Hilflosigkeit der vergangenen Monate, der Zorn darüber, dass er die eigenen Leute nicht optimal schützen konnte, und der Frust, nicht entschlossen genug gegen die Taliban vorgehen zu können. Wo immer Kleins Truppen anrückten, waren die Taliban schon untergetaucht. Und wo immer Kleins Truppen abzogen, kehrten die Taliban mit mehr Macht und Stärke zurück. Es war ein Krieg gegen Geister und deren tödliche Sprengfallen. In dieser Nacht hatte Klein endlich ein klares Ziel vor Augen. Er lief den Taliban nicht mehr hinterher, er hatte sie im Visier.

Im Nachhinein muss man sagen, dass Klein die falsche Entscheidung traf. Nicht nur tötete sein Befehl Zivilisten. Er war auch »nicht vereinbar mit den Vorgaben des Kommandeurs« Stanley McChrystal, wie es im NATO-Untersuchungsbericht heißt – ein schweres, wenn nicht gar das schwerste Vergehen in der Welt des Militärs.

Dennoch wäre es falsch, allein Oberst Klein die Um-
stände anzulasten, die seine Entscheidung beeinflussten.
Nicht er hatte die Situation geschaffen, die ihm so ausweg-
los erschien, sondern die Politik in Berlin. Zwar gab es ein
»Konzept der vernetzten Sicherheit«, eine Strategie für den
Wiederaufbau. Aber es gab keine Strategie für den Krieg.

Vor dem Untersuchungsausschuss legte Oberst Klein am
10. Februar 2010 Zeugnis ab. Vor den Verteidigungsexper-
ten aller Bundestagsfraktionen beschrieb er den Krieg,
wie er ihn erlebt hatte. Seine Aussage war eine der bis
heute ehrlichsten und schonungslosesten Schilderungen
der verfahrenen Lage in Afghanistan. Immer wieder sprach
Klein die Abgeordneten direkt an, als wollte er sie damit
konfrontieren, dass sie um die Bedrohung der deutschen
Soldaten längst wussten – sie aber weitgehend ignorierten. »Der damalige Kommandeur der ISAF-Schutztruppe,
General McKiernan, war am 17. Mai im PRT und sagte mir
im persönlichen Gespräch, zwei Regionen in Afghanistan
machten ihm besonders große Sorge, die eine sei Kandahar und die andere sei Kunduz«, so Klein. »Genauso hat
sich General McChrystal, der nachfolgende COMISAF
(Bezeichnung für den Kommandeur der internationalen
Truppen in Afghanistan), ... geäußert. Wir haben diese
Lageeinschätzung einer Vielzahl von politischen und militärischen Besuchern vorgetragen. Einige sitzen hier. Ich
erinnere mich an sehr gute Gespräche mit ... vielen, die
hier im Raum sitzen, wo wir uns intensiv über die Lage
ausgetauscht haben.«

Viele gute Gespräche, aber in Kunduz nichts Neues.

Kleins Aussage passte in keiner Weise zu dem verklär-
ten Bild, das seine ehemaligen Vorgesetzten, Ex-Verteidi-

gungsminister Jung und Ex-Generalinspekteur Schneiderhan, immer von Afghanistan gemalt hatten. Es war, als
würden da Männer aus verschiedenen Welten von verschiedenen Ländern erzählen. Klein sprach im grimmigen
Ton eines vom Alltag des Krieges geprägten Offiziers.

»Ich habe das PRT am 5. April 2009 übernommen«, berichtete er. »Wenige Stunden danach hatte ich den ersten
Feuerkampf in meiner Verantwortung. Die deutschen
Kräfte … wurden mit Panzerfäusten beschossen. Der
Feuerkampf hat bis in die Nacht hinein gedauert … Die
ersten Wochen waren vorrangig durch den Beschuss des
Lagers mit Raketen gekennzeichnet; nach meiner Erinnerung waren es circa dreißig Raketen, die ich selbst erlebt
habe. Es grenzt an ein Wunder, dass bis heute niemand
durch diesen Beschuss getötet oder ernsthaft verletzt
wurde … Durch Entscheidungen in meiner Führungsver-
antwortung sind Menschen zu Schaden gekommen oder
sogar getötet worden. Dies war der Lage vor Ort geschul-
det, die zu Recht mit ›kriegsähnlich‹ qualifiziert wird. Wir
standen Seite an Seite mit unseren afghanischen Partnern
in schweren Gefechten gegen einen rücksichtslosen und
erbarmungslosen Gegner, und dies hat harte Entscheidungen erforderlich gemacht. Tod und Verwundung auf
beiden Seiten sind Teile dieser Auseinandersetzungen für
eine bessere Zukunft für die Menschen in Afghanistan.«

Aus den Aussagen geht hervor, wie sehr Klein sich als
Kommandeur einer Kampftruppe sah. Vor dem Ausschuss
zog er sogar Parallelen zwischen den Gefechten in Kunduz und dem Zweiten Weltkrieg. Ein Vergleich, den der
ehemalige Verteidigungsminister Jung ausdrücklich nicht
wünschte: »Die deutsche Bevölkerung empfindet Krieg als

etwas anderes, es haben zu viele Bürgerinnen und Bürger den Krieg noch erlebt – das sind zerbombte Städte ...« Jungs eigenwillige Logik: Weil das Wort Krieg bei vielen Deutschen noch schlechte Erinnerungen hervorrief, durfte der Krieg einer neuen Generation nicht so genannt werden. Die Soldaten in Kunduz aber hatten längst ihre eigene Sprache, ihre eigene Logik gefunden.

»Wenn es einen schon erwischt, dann möchte hier jeder ehrenhaft fallen«, erzählte uns ein Oberstleutnant in Kunduz im Mai 2009. »Keiner will auf so einen beschissenen versteckten Sprengsatz latschen. Wenn es schon passiert, sollen unsere Eltern hören: tapfer gekämpft und durch eine Kugel getötet.«

Auch Oberst Klein sah diese Realität des Einsatzes.

»Eine deutliche Verschlechterung der Lage ergab sich ab Ende April 2009«, sagte Klein vor dem Untersuchungsausschuss. »Am 29. April geriet ein deutscher verstärkter Zug nordwestlich von Kunduz in einen Hinterhalt. Bei diesem Gefecht fiel der Hauptgefreite Sergej Motz. Bemerkenswert an diesem Gefecht ist sicher die Ausdehnung und die Komplexität des Hinterhalts, der durch die Feindkräfte vermutlich unter Beteiligung ausländischer Kämpfer mit sehr großer Erfahrung – wir vermuten Tschetschenen oder Usbeken – gelegt wurde. Für uns jedoch war eine andere Erkenntnis vorrangig: Mit Sergej Motz ist der erste deutsche Soldat seit dem Zweiten Weltkrieg mit der Waffe in der Hand im Gefecht gefallen. Das war etwas, was die Situation gekennzeichnet hat, was uns geprägt hat dort vor Ort.«

Klein beschrieb einen Alltag, von dem die deutsche Öffentlichkeit so gut wie nichts erfahren hatte.

»Tatsächlich standen meine Soldaten und die afghanischen Sicherheitskräfte ab Mai 2009 fast täglich im Feuerkampf. Die Zahl und die Intensität der Gefechte nahmen
ab Mai stetig zu. Als Beispiel sei hier ein Gefecht am
15. Juni erwähnt, bei dem unsere Kräfte durch Angriff zu
Fuß eingeschlossene afghanische und belgische Kräfte ...
befreiten, die ansonsten aufgerieben und vernichtet worden wären.«

Klein erzählte von einem Feind, der »verbissen« aus
»ausgebauten Stellungen« heraus gegen die Deutschen
kämpfte. Von stundenlangen Gefechten mit Panzerab-
wehrraketen und Maschinengewehren. Von deutschen
Hubschraubern, die auf den unübersichtlichen Schlacht-
feldern, in den Feldern um Kunduz landeten, um verwundete Bundeswehrsoldaten auszufliegen. »Die Verschlechterung der Sicherheitslage im Sommer 2009 führte dazu,
dass wir praktisch mit jedem Verlassen des Lagers – bereits im Nah- und Nächstbereich – mit feindlichen Angriffen zu rechnen hatten. Der Aktionsradius ... war damit auf
einen Umkreis von vielleicht 25 Kilometer um Kunduz be-
grenzt worden.« Der Rest der riesigen Provinz war Tali-
ban-Land, von den Deutschen »Indianerland« genannt.
Kornfelder, Hügel, Steppen, sumpfige Weiden, Baumreihen, hohes Gras, durchzogen von Bewässerungsgräben –
unkontrollierbar für die Bundeswehr.

»Zudem ist zu berücksichtigen, mit welcher Art von Gegner wir es hier zu tun haben. Afghanistan ist ein asymme-
trischer Krieg«, so Oberst Klein vor dem Untersuchungsausschuss. »Der Gegner ist brutal und rücksichtslos, vor
allem auch gegenüber der eigenen Bevölkerung. Er ist
nicht uniformiert, er trägt die Waffen regelmäßig nicht of-

fen und nutzt die Bevölkerung zum Schutz im Gefecht. Er
respektiert in keiner Weise die Regeln des humanitären
Kriegsvölkerrechts. Wir waren sogar ab Ende Juni gezwungen, die roten Kreuze an unseren Sanitätsfahrzeugen ab-
zutarnen, weil wir die Sorge hatten und auch entspre-
chende Hinweise, dass gezielt auf Sanitätsfahrzeuge und
unsere Ärzte geschossen wurde.«

Während Politiker fast aller Parteien immer wieder den
»Schutz der Bevölkerung« durch die Bundeswehr priesen,
verloren von Tag zu Tag mehr Afghanen das Vertrauen in
die Deutschen. Die Bundeswehr in Kunduz konnte sich
kaum selber schützen. »Wirkungslos«, nannte Mohammad
Omar, Gouverneur von Kunduz, den deutschen Einsatz.
»Die Deutschen sind schwach, was die Änderung der Sicherheitslage angeht«, so Omar. »Wir haben einen Feind,
der will uns töten. Wir haben auch Freunde – aber wenn
der eine Freund uns nicht rettet, müssen wir uns an den
nächsten wenden.«

Die Worte von Oberst Klein klangen nicht viel hoffnungs-
voller.

»Wer mit der Regierung oder uns zusammenarbeitete
oder einfach nur seine Tochter in die Schule schicken
wollte, wurde bedroht oder in Einzelfällen auch ermordet«,
so Klein. »Wir mussten zur Kenntnis nehmen, dass die
Aufständischen zunehmend grausam vorgingen, um die
Bevölkerung einzuschüchtern. So wurde beispielsweise
nach meiner Erinnerung im Juli ein Polizist des Geheim-
dienstes ... entführt und zu Tode gefoltert; ich habe die
Bilder gesehen. Außerdem wurde im gleichen Zeitraum
ein mit den afghanischen Sicherheitskräften zusammen-
arbeitender Dorfvorsteher ... enthauptet. Die Leiche wurde

im Ort liegen gelassen; es wurde verboten, dass der Ver-
storbene beigesetzt wird, und das über einige Tage hinweg. Ab Juli mussten wir davon ausgehen, dass jeden Tag
mindestens zwei Selbstmordattentäter – auch Frauen – im
Raum Kunduz aktiv waren. Ich bitte Sie, sich kurz einmal
vorzustellen, was es für mich und alle meine Soldaten bedeutet hat, unter dieser hohen Bedrohungslage jeden Tag
aufs Neue rauszufahren, Operationen durchzuführen.«

Auch die Wiederaufbaustrategie der Bundesregierung
konnte die Afghanen nicht mehr überzeugen. Klein: »Ich
habe tiefen Respekt – das möchte ich ausdrücklich sagen – vor dem Mut und vor der Begeisterung, mit der die
wenigen vor Ort verbliebenen Mitarbeiter, zum Beispiel
der GTZ oder der Polizei, ihren Auftrag unter widrigsten,
schwierigen, lebensgefährlichen Bedingungen erfüllt haben. Dass diese es geschafft haben, 80 Prozent der Projekte im Sommer 2009 am Laufen zu halten, grenzt an
ein Wunder. Aber das Engagement war in der Gesamt-
schau nur ein Tropfen auf den heißen Stein und blieb aus
meiner persönlichen Bewertung weit hinter dem Bedarf
zurück.«

In den Ereignissen vom 4. September bündelten sich all
die Missstände und Versäumnisse vergangener Jahre.
Oberst Klein war gegen Ende seiner Dienstzeit in Kunduz
nicht nur ausgelaugt und desillusioniert. Ihm fehlten auch
schlichtweg die Mittel, um den Taliban auf der Sandbank
im Fluss zu begegnen. Er hatte die Wahl: den Luftschlag
anordnen oder gar nichts unternehmen.

Ob er anders gehandelt hätte, wenn er in jener Nacht
mehr Soldaten und bessere Waffen, zum Beispiel Hubschrauber oder Artillerie, gehabt hätte, fragte einer der Ab-

geordneten im Untersuchungsausschuss. Kleins Antwort war eindeutig. »Mindestens zwei Kompanien hätte ich gebraucht, um, wie man es militärisch sagt, umfassend auf diesen Ort vorgehen zu können«, erklärte er. »Natürlich, wenn ich eine weitere Kompanie gehabt hätte, hätte das meine Handlungsmöglichkeiten deutlich erhöht. Hubschrauber sind ein Problem seit langer Zeit dort im PRT Kunduz, weil wir keine eigenen Hubschrauber – Ausnahme Medevac – zur Verfügung hatten. Das hätte mit Sicherheit auch andere Handlungsmöglichkeiten geboten. Steilfeuer: Wir haben Mörser, 120 Millimeter Steilfeuer, vor Ort gehabt. Wir haben damit keine guten Erfahrungen gemacht, weil sie zu ungenau sind. Sie hätte ich nicht eingesetzt, weil ich dort auch die große Sorge gehabt hätte, dass wir Unbeteiligte treffen beim Einsatz dieser Waffen. Und auch ein Einsatz der Panzerhaubitze 2000 wäre natürlich eine Alternative gewesen, die mir nicht zur Verfügung stand.«

Die Panzerhaubitze 2000 war jahrelang ein Streitpunkt der deutschen Afghanistan-Mission. Sie gilt als eines der besten und präzisesten Artilleriegeschütze der Welt. Die Niederländer nutzen die deutsche Haubitze, hergestellt von Krauss-Maffei Wegmann und Rheinmetall, seit Jahren im Süden Afghanistans. Niederländische Soldaten patrouillieren nur in Reichweite ihrer Artillerie, um in Notsituationen Unterstützung anfordern zu können. Die Bundeswehr hingegen verzichtete bis zum Frühling 2010 darauf, die für sie entwickelte Panzerhaubitze 2000 einzusetzen. Deutsche Artillerie in Afghanistan – das hätte doch zu sehr nach Eskalation ausgesehen. Im Bundesverteidigungsministerium des Franz Josef Jung fürchtete man Fernsehberichte über den »Wiederaufbau«, die vielleicht

mit Bildern von feuernden Kanonen begonnen hätten. So
blieb die Panzerhaubitze 2000 viel zu lange nur ein deutscher Exportschlager; die deutschen Kommandeure am
Hindukusch beneideten ihre Alliierten um das Gerät aus
deutscher Produktion, die deutschen Soldaten waren lange
die einzigen (unter den großen Truppenstellern USA, Groß-
britannien, Kanada, Niederlande), die ohne Artillerie-Un-
terstützung in Afghanistan operierten.

»Unser Problem ist nicht die Feuerüberlegenheit. Unser
Problem ist Aufklärung«, beschied der damalige Generalinspekteur Wolfgang Schneiderhan im Juli 2009, knapp
zwei Monate vor dem Luftangriff von Kunduz, als Journalisten ihn nach Artillerie fragten.

Das Problem von Oberst Klein in der Nacht zum 4. September war, dass er keine Alternativen hatte. Erst Jungs
Nachfolger Karl-Theodor zu Guttenberg entschied im April 2010, »so schnell wie möglich« zwei Panzerhaubitzen
nach Kunduz zu verlegen und damit eine »Fähigkeitslücke« endlich zu schließen. Eine »Fähigkeitslücke«, deren
Existenz sein Vorgänger im Amt stets geleugnet hatte.

Oberst Georg Klein schloss seine Aussage vor dem Untersuchungsausschuss mit Worten der Ernüchterung. Er
machte keine Schuldzuweisungen und übernahm die
schwere Verantwortung, vor der sich seine Vorgesetzten
immer gescheut haben. »Militärische Führer müssen ins
Ungewisse mit Konsequenzen für Leben und Tod entscheiden und gehen dabei immer das Risiko ein, dass sie
Fehlentscheidungen treffen«, so Klein. »Zu dieser Verantwortung stehe ich uneingeschränkt ... Wenn sich nun im
Nachhinein, wie zum Beispiel durch das Ergebnis der afghanischen Untersuchungskommission, herausstellt, dass

Dorfbewohner durch die Aufständischen zu den Tanklast-
zügen gezwungen wurden oder Minderjährige vor Ort
waren, macht mich das tief betroffen und traurig. Ich trau-
ere um diese Menschen.«

Das Verteidigungsministerium blieb sich im Fall Klein
treu. Die ganze Kunduz-Sache würde seine Familie sehr
belasten, streuten verschiedene Presseoffiziere unter den
Berliner Journalisten. Seine Kinder hätten sogar die
Schule wechseln müssen, weil sie wegen ihres Vaters von
Mitschülern und Lehrern gemobbt worden wären. Oberst
Georg Klein ist zwar verheiratet. Kinder aber hat er nicht.

Ein Krieg läuft immer nur so gut wie seine schwierigste
Schlacht. Die Deutschen – Bundeswehr und Bundesregierung – müssen sich an der Krisenprovinz Kunduz messen
lassen. Immer wieder betont das Verteidigungsministerium, dass rund 90 Prozent des deutschen Operationsge-
biets im Norden Afghanistans ruhig und stabil seien. Das
ist ohnehin sehr optimistisch geschätzt. Tatsächlich geht es
aber um genau die zehn Prozent, die nicht stabil sind. Die
Erfahrung zeigt, dass solch ein Unruheherd in einem Guerillakrieg eher nicht vom stabilen Umfeld »geschluckt«
wird. Vielmehr besteht die Gefahr, dass die Macht der Aufständischen sich noch weiter ausbreitet. In einem Land wie
Afghanistan, in dem nichts so schnell reist wie Gerüchte,
reichen ein paar spektakuläre Propaganda-Aktionen in einer Provinz, um die Bevölkerung in weit entfernten Dörfern
einzuschüchtern und ihnen zu beweisen, dass die Bundeswehr sie nicht beschützen kann. Die Afghanen schließen
zurzeit eine Wette ab, in der es um ihr Leben geht. Wer, so
fragen sie sich, wird in fünf, in zehn Jahren die Macht in
unserem Dorf haben? Die Deutschen und ihre Verbünde-

ten? Oder doch die Taliban? Ihre schmerzhafte Erfahrung
sagt ihnen, dass es noch niemandem gelungen ist, Afghanistan den radikalen Kräften zu entreißen. Viele Afghanen
im Norden des Landes haben niemals einen deutschen Soldaten gesehen. Schon gar nicht deutsche Soldaten, die gegen Taliban kämpften. Es sind viel zu wenige Deutsche im
Land, um die gewaltige Fläche, all die unzugänglichen
Dörfer zu sichern. Und die Afghanen wissen, dass Gleich-
gültigkeit im Zweifel der beste Selbstschutz ist, dass die
Zusammenarbeit mit den Deutschen hingegen tödlich sein
kann. Wenn nicht heute, dann in fünf Jahren. Die Taliban
vergessen nicht, und sie vergeben nicht.

»Es geht darum, die Bevölkerung zu überzeugen. Aber
es ist sehr schwer, den Menschen Vertrauen in ihre Regierung zu geben, wenn sie nicht das Gefühl haben,
beschützt und respektiert zu werden«, erklärt ISAF-
Kommandeur Stanley McChrystal. »Die afghanische Bevölkerung ist mit Ungewissheit geschlagen. Die Menschen
sind unsicher über die Wirksamkeit ihrer Regierung. Die
Korruption untergräbt ihren Glauben an ihre Regierung.
Die Afghanen wissen nicht, wie mächtig die Aufständischen wirklich sind. Sie wissen nicht, wie entschlossen die
internationale Gemeinschaft ist. Sie wollen sicher nicht,
dass die Taliban siegen. Aber sie haben Angst. Wir sind es
den Afghanen schuldig, genug Raum zu schaffen, damit
sie sich ein Afghanistan nach ihren Vorstellungen errich-
ten können.«

Allzu viele Afghanen würden ihr Leben zurzeit nicht auf
die Deutschen verwetten.

In Kunduz musste die Bundeswehr lernen, wie machtlos
sie einer kleinen, aber entschlossenen Guerillaarmee ge-

genübersteht. Der ehemalige Verteidigungsminister Franz
Josef Jung und sein höchster General, Wolfgang Schneiderhan, hatten stets die politische Sprengkraft des Wortes
»Krieg« im Blick, nicht aber die militärische Bedeutung.
Natürlich tobt in Afghanistan kein Krieg alter Vorstellung
mit zerbombten Städten, Flüchtlingskolonnen und erbitterten Stellungskämpfen um jeden Meter Boden. Selbst
General Stanley McChrystal sagt, es gehe in Afghanistan
nicht darum, Brücken einzunehmen oder Gelände zu gewinnen. Für einen solchen Krieg wäre die Bundeswehr mit
ihren schweren Waffen wahrscheinlich sogar deutlich besser gewappnet als für den »asymmetrischen Krieg« des
21. Jahrhunderts. Der klassische Krieg verlangt den unbe-
dingten Willen zur Zerstörung des Feindes. Der moderne
Krieg hingegen verlangt das unbedingte Verständnis des
Feindes, seiner Kultur, seiner Unterstützer, seiner Denk-
weise. Ein klares Bekenntnis zu dieser neuen Art des Krieges hätte im besten Fall dazu geführt, dass die Bundeswehr sich auf die Feinde hätte einstellen, sie studieren,
analysieren und Gegenmittel entwickeln können. So gab
es zwar Schulungen, es gab Kurse über versteckte Sprengsätze, es gab Übungen für die Soldaten, aber es gab nie
einen vollständigen Wandel des Denkens. Die meisten
deutschen Soldaten realisieren erst vor Ort, in Afghanistan, wie kompliziert dieser Krieg ist. Und dann haben sie
gerade mal drei Monate, um das Terrain kennenzulernen,
die verschiedenen, oft verfeindeten Dörfer und Stämme,
die lokalen Befindlichkeiten und alten Fehden zu verstehen – und dann auch noch irgendetwas zu bewirken. Eine
nahezu unmögliche Aufgabe, insbesondere, wenn man
ständig beschossen wird.

»Die Taliban tragen keine Uniform«, ist ein Satz, den
man immer wieder von deutschen Soldaten in Afghanistan
hört, häufig in einem Tonfall, der zwischen frustriert und
beleidigt changiert. Natürlich stimmt es, die Taliban tragen weder Uniform noch Fahne noch Rangabzeichen.
Aber nach acht Jahren in Afghanistan sollte die Bundeswehr über diese Erkenntnis langsam hinweg sein und gelernt haben, mit diesem einerseits steinzeitlichen, andererseits modernen Feind umzugehen.

Wann immer deutsche Soldaten fallen oder verwundet
werden, sprechen Politiker von »feigen« Anschlägen. Nun
sind die Aufständischen vieles – hinterhältig, erbarmungs-
los, skrupellos, berechnend –, aber »feige« sind sie sicher
nicht. Nicht die Selbstmordattentäter, die sich neben deutschen Konvois in die Luft sprengen. Und auch nicht die
Kämpfer, die dem Militär einer hoch technologisierten In-
dustrienation entgegentreten.

»Das ist ein umfangreicher Stabilisierungseinsatz, der
die helfende und schützende Funktion hat, der aber auch
die Kampffunktion im Blickfeld hat«, erklärte Jung im
September 2008. Worte wie »feige« und Sätze wie dieser
belegen, dass sich das Verteidigungsministerium lieber in
Worthülsen flüchtete, als sich mit den Phänomenen des
Krieges im 21. Jahrhundert zu beschäftigen. Anstatt den
»asymmetrischen Krieg« als intellektuelle, militärische
und gesellschaftliche Herausforderung zu begreifen,
wurde er kleingeredet, verniedlicht und verharmlost – mit
fatalen Folgen für die Soldaten im Einsatz.

Das »afghanische Jahrzehnt« hätte ein lehrreiches Jahrzehnt für die Bundeswehr sein können. Stattdessen wurde
es verschenkt.

JAWOLL, HERR OBERSTLEUTNANT

Ein Truppenübungsplatz im winterlich kargen Grau Sachsen-Anhalts. Von der Landstraße aus nicht einsehbar, liegt das »Gefechtsübungszentrum« der Bundeswehr in Letzlingen, abgekürzt »GÜZ«, denn alles beim Militär hat eine Abkürzung. Im Gefechtsübungszentrum trainieren deutsche Soldaten für den Afghanistan-Einsatz. Es ist der Januar 2009, schmutzig überfrorene Schneeinseln beflecken einen riesigen Acker. Ein abgemagerter, aber furchtloser Fuchs streicht zwischen den Beinen einer Gruppe von Soldaten umher. Die Soldaten machen gerade eine Zigarettenpause. Eine blaugraue Wolke hängt über ihren Köpfen.

Für eine Reportage begleiten wir an diesem windig-kalten Tag ein Bataillon, das drei Monate später nach Kunduz abrücken soll. Während die eine Gruppe raucht, übt eine andere Gruppe, wie man sich gegen versteckte Sprengfallen schützt, wie man sie aufspürt, umfährt und unschädlich macht. Mit ihren schwer gepanzerten Wagen fahren die Soldaten langsam auf einer planierten Straße durch das Feld. Der Übungsleiter, ein hagerer, grauhaariger

Feldwebel, hat einen der »Sprengsätze« mitten auf die
Straße gelegt. Die leere Messinghülle einer alten Artille-
riegranate schimmert im Dreck. Eines der Fahrzeuge rollt
darauf zu und hält direkt auf dem Sprengsatz.

»Bumm«, sagt der Übungsleiter. »Alle tot. Das ist jetzt
noch nicht so optimal gelaufen.« Er schnippt die Glut von
seiner Zigarette, steckt den Stummel in die Tasche seines
Parkas und krächzt »Abbruch« in sein Funkgerät. »Abbruch!«

Die drei (!) Presseoffiziere, die uns an diesem Tag begleiten, lachen nervös. »Nicht, dass Sie das jetzt falsch verstehen«, sagt einer von ihnen, ein Oberstleutnant mit Schnau-
zer und treuen braunen Augen. »Das war aus unserer
Sicht jetzt durchaus ein Ausbildungserfolg. Wir sagen bei
der Bundeswehr immer: Besser die Kameraden machen
den Fehler während der Übung als im Einsatzland. Fehler
machen wir doch schließlich alle. Und wenn Sie mal einen
Fehler machen, reißt Ihr Chef Ihnen ja auch nicht gleich
den Kopf ab, oder? Aber lernen muss man aus seinen Fehlern, und genau deshalb sind die Kameraden ja hier, damit
sie dann bestens vorbereitet …« Und immer so weiter.

Der Presseoffizier redet noch ein paar Minuten und erklärt, warum dieser Fehler eigentlich ein ausgezeichnetes,
geradezu perfektes Ausbildungsergebnis sei, er redet sich
geradezu in Euphorie, der Übungsleiter sieht ihn ratlos dabei an. Die anderen beiden Presseoffiziere, Hauptmann
und Leutnant, nicken zustimmend. Um zu beweisen, wie
hervorragend die Ausbildung ist, winkt der Oberstleutnant einen Hauptgefreiten von der Rauchergruppe herbei.
»Wir haben heute die Kameraden von der Presse hier«,
erklärt der Oberstleutnant dem Hauptgefreiten. »Die wol-

len sich mal ansehen, wie unsere Ausbildung so läuft, einen Bericht schreiben und eventuell auch mit Ihnen ins Einsatzland verlegen.«

Der Hauptgefreite blickt eingeschüchtert erst auf uns, dann auf die drei Presseoffiziere, die ihn fixieren. In seinem Rücken schielen seine Kameraden tuschelnd zu uns herüber.

»Bald geht's los, was?«, fragt der Oberstleutnant.

»Ja, ist schon ein mulmiges Gefühl, Herr Oberstleutnant«, antwortet der Hauptgefreite.

»Natürlich. Aber fühlen Sie sich gut vorbereitet?«

»Jawoll, Herr Oberstleutnant.«

»Mit der Ausrüstung alles in Ordnung?«

»Jawoll, Herr Oberstleutnant.«

»Danke«, sagt der Oberstleutnant. »Ihnen alles Gute.«

»Sehen Sie«, sagt der Oberstleutnant zu uns. »Wir schicken unsere Soldatinnen und Soldaten hervorragend ausgebildet und mit der besten Ausrüstung ins Einsatzland.«

Ein paar Monate später treffen wir den Hauptgefreiten in Kunduz wieder. 22 Jahre alt, leicht gebräunt von der afghanischen Frühlingssonne, kräftige Oberarme. Wir reden über den Tag im Gefechtsübungszentrum. »Dieses ganze Ausbildungsgequatsche ist mir doch scheißegal«, sagt er. »Man kommt hierher, merkt plötzlich, wie es wirklich ist, dass die uns nämlich alle umbringen wollen, und will einfach nur noch heil und so schnell wie möglich wieder nach Hause. Das könnt Ihr so schreiben. Die wollen uns umbringen und ich will einfach nur heil nach Hause. Ey, aber ohne Namen. Sonst krieg ich echt Stress.«

Zweites Kapitel

TOTALE TRANSPARENZ

Stell dir vor, es ist Krieg, und keiner soll es wissen. Die Bundeswehr und das Verteidigungsministerium verhinderten über Jahre hinweg nahezu jegliche realistische Berichterstattung über den Alltag der deutschen Soldaten in Afghanistan. Ein Heer von Presseoffizieren wurde darauf gedrillt, Journalisten bedingungslos zu misstrauen und sie unter keinen Umständen unbewacht in die Nähe einfacher Soldaten zu lassen. So erschienen in deutschen Zeitungen und Magazinen unzählige Fotos von deutschen Soldaten, die Süßigkeiten in afghanischen Dörfern verteilten, die Kindern den Kopf tätschelten und alte Menschen medizinisch versorgten. Ungezählte Artikel, in denen motivierte deutsche Soldaten die Sinnhaftigkeit ihrer Mission priesen, von einer besseren Zukunft Afghanistans schwärmten und die eigene Ausbildung lobten.

So gut wie gar nichts erschien hingegen über die andere Seite des Krieges. Die zermürbende Mischung aus Langeweile im Feldlager und erbitterten Gefechten während der Patrouillen. Die peinigende Angst vor den versteckten

Sprengfallen, gegen die man sich kaum wehren kann. Über die Furcht, vielleicht ohne Beine nach Hause zu fliegen und nicht zu verstehen, wofür eigentlich. Über die unsichtbaren Feinde, die die Arbeit der Soldaten immer wieder zunichtemachten. Über die jungen Frauen in Deutschland, die am Telefon Schluss machten, weil ihnen der Einsatz ihrer Freunde zu lange dauerte. Über den verdammten Staub, der alles verdreckte, der das Atmen schwer machte. Über das deprimierende Gefühl, das sich bei vielen Soldaten einschlich, dass viele Afghanen undankbar und ungeduldig wären und heimlich mit den Taliban zusammenarbeiteten. Es gab so gut wie keine Geschichten über schmutzige Witze und Fluchereien in dieser Männergesellschaft. Es gab keine Antworten auf die Frage, ob die jungen Männer (und ein paar wenige Frauen), deren Kameraden tot oder schwer verwundet waren, auf Rache sannen. Ob sie töten wollten.

Während der Einsatz am Hindukusch etwa in den amerikanischen und englischen Medien Hunderte Reportagen und zahlreiche Bücher über das wahre Antlitz des Guerillakrieges hervorbrachte, stellte die Bundeswehr ihre Soldaten als gut gelaunte, weitestgehend sorgenfreie Wiederaufbauhelfer dar. Kaum ein Interview wurde geführt, kaum ein Foto gemacht, kaum eine Filmreportage gedreht, ohne dass ein Presseoffizier daneben stand und einschritt, wenn Dinge nicht ins gewünschte Bild passten, natürlich nur, »um den mit Medien unerfahrenen Kameraden vor sich selbst zu schützen.«

Ein nicht ganz wissenschaftlicher, aber dennoch aussagekräftiger Beleg für diese verzerrte Darstellung des Einsatzes: Gibt man in der Online-Suchmaske des recht umfangreichen Axel-Springer-Archivs (32 Tages- und Wochenpublikationen verschiedener Verlage) die Stichworte »Bundeswehr«, »Afghanistan« und »Maschinengewehr« ein, erscheinen zwischen Januar 2008 und April 2009 gerade einmal 31 Artikel. Zum Vergleich: Die Kombination »Bundeswehr«, »Afghanistan« und »Wiederaufbau« ergibt 279 Treffer. Zur Wahrheit gehört auch, dass viele Journalisten sich entnervt von den gelenkten »Good-News-Stories« der Bundeswehr abwendeten und lieber über amerikanische und britische Soldaten berichteten.

Die wahre Stimme der Soldaten, ihre wahren Geschichten – all das blieb ungehört. »Niemand schreibt, wie es hier wirklich ist«, war einer der Sätze, die man besonders in Kunduz immer wieder gesagt bekam. Und: »Wir bauen hier keine Schulen, wir kämpfen um unser Leben. Das weiß nur keiner in Deutschland.« Viele Soldaten waren wütend darüber, dass sie für den Alltag in ihrer Heimat so gut wie keine Bedeutung hatten. Dass niemand von den Opfern erfuhr, die sie brachten. Dass sie, zurück in Deutschland, sich sogar immer wieder für den ungeliebten Afghanistan-Einsatz rechtfertigen mussten.

»In Amerika geben dir die Leute ein Bier aus, wenn du in Uniform in eine Bar gehst«, sagte uns ein Soldat in Kunduz. »In Deutschland giltst du als Zivilversager.«

Bei »freundlichem Desinteresse« der Bürger für den Afghanistan-Einsatz dürfe es nicht bleiben, mahnte Bundespräsident Horst Köhler im November 2008. »Es werden uns Opfer abverlangt werden. Dieser Tatsache ins Auge zu blicken und die damit verbundenen Schmerzen aushalten zu können, das werden wir noch lernen müssen«, so Köhler. »Was wir brauchen, ist Aufmerksamkeit, Solidarität und Dankbarkeit für unsere Soldatinnen und Soldaten. Und wir sollten die in Ehren halten, die im Kampf gegen Terror und Gewalt fallen.«

Was Köhler nicht erwähnte: Berichte über »Schmerzen« und »Opfer« der deutschen Soldaten in Afghanistan waren vom Verteidigungsministerium jahrelang nicht erwünscht.

Die Deutschen erfuhren so wenig über den wahren Alltag ihrer Soldaten, weil sie nichts erfahren sollten. »Die beste Berichterstattung aus Sicht des Bundesverteidigungsministeriums ist gar keine Berichterstattung«, sagte uns ein deutscher Offizier in Kabul Mitte 2009, als sich die dramatische Lage in Kunduz nicht mehr verheimlichen ließ. Die Herren der Öffentlichkeitsarbeit im Ministerium verbrachten Jahre in einer Art Trauma-Zustand. Journalisten schienen ihnen stets verdächtig zu sein, Pressekonferenzen wirkten häufig wie erbitterte Abwehrgefechte. Kapitän zur See Christian Dienst, Leiter des Bereichs »Presse« im Presse- und Informationsstab im Verteidigungsministerium, sei »berüchtigt für seine belehrende Tonlage«, schrieb der *Spiegel*.

Vielleicht eine der Hauptursachen für dieses Verhalten waren die *BILD*-Berichte über den sogenannten Totenschädel-Skandal. Im Oktober 2006 wurden der *BILD-Zeitung* eine Reihe von Fotos zugespielt. Die Bilder zeigten deutsche Soldaten in Afghanistan, die außerhalb von Kabul mit Totenköpfen (vermutlich von gefallenen sowjetischen Soldaten) posierten. Die Soldaten befestigten einen Schädel auf der Stoßstange ihres Geländewagens. Ein Soldat schien in Hamlet-Pose zu einem Schädel zu sprechen. Ein anderer hielt sein Geschlechtsteil an einen der Totenschädel. Im Hintergrund sah man die für Afghanistan typische Landschaft, rötliche Hügel, karges Gestrüpp, Steppe.

Vor der Veröffentlichung informierte *BILD* das Bundesverteidigungsministerium. Der damalige Sprecher Thomas Raabe besuchte am frühen Nachmittag des 24. Oktobers 2006 das Berliner Hauptstadtbüro der *BILD-Zeitung*, um die brisanten Fotos zu begutachten. Deutsche Soldaten und Totenköpfe – das war keine gute Kombination. In Raabes Begleitung erschien der für Afghanistan zuständige Sprecher aus seinem Stab – ein Oberstleutnant der Luftwaffe. Dessen eigentliches Aufgabengebiet war eben diese, den Bereich »Einsatz in Afghanistan« deckte er nebenbei ab – so wenig Bedeutung wurde diesem Feld damals zugemessen.

Raabe und sein Luftwaffenoffizier traten an den Konferenztisch. Vor ihnen ausgebreitet lagen farbige Din-A4-Ausdrucke der Fotos. Raabe nahm ein Foto auf, begutachtete es, kniff die Augen dabei zusammen und urteilte: »Das sieht mir doch sehr nach Fake aus.« Sein Afghanistan-Experte assistierte: »Das kann genauso gut in der Lüneburger Heide sein.«

Die Fotos waren echt. Sie waren aufgenommen auf einem Grabfeld für sowjetische Soldaten. Die Zeit und das afghanische Wetter – Regen, Schnee, Schmelzwasser und Stürme – hatten die Schädel aus der Erde gewaschen. Die Bilder erschienen am 25. Oktober 2006 in *BILD* und lösten einen Skandal aus. So geschmacklos und makaber die Aufnahmen waren – sie zeigten auch, wie der Einsatz in einem Kriegsgebiet Menschen verrohen, abstumpfen lässt. Sie belegten, dass die Realität in Afghanistan anders sein musste als in der schöngefärbten öffentlichen Darstellung.

Sie belegten, dass Afghanistan eben nicht die Lüneburger
Heide war.

Bei vielen Presseoffizieren löste die Veröffentlichung
mehr Entsetzen aus als das, was die Fotos zeigten. Ein Offizier sagte uns, man hätte solche Bilder niemals drucken
dürfen, weil sie Ansehen und Sicherheit der Truppe gefähr-
den würden. Stattdessen hätten wir die Bilder im Verteidigungsministerium abgeben sollen.

»Dann hätte sich unser Informant eine andere Zeitung
gesucht«, erwiderten wir. »Er wollte, dass diese Fotos öffentlich werden. Wenn wir es nicht gemacht hätten, hätte
es jemand anderes getan.«

Die Antwort des Offiziers, mit der er die Schuld an diesem Skandal auf absurde Weise zu verdrehen versuchte:
»Mit so einer Rechtfertigung ließ man in Deutschland früher Züge fahren.«

Die Schockwirkung der Schädelfotos wirkt im Verteidigungsministerium bis heute nach. Die Presseoffiziere sind
angewiesen, das »Erscheinungsbild der Truppe« unbedingt
zu wahren. Ein aus Sicht des Ministeriums missratener Artikel kann die Karriere des betreuenden Soldaten schnell
beenden. »Ich werd' eh nicht mehr befördert, ich kann mir
das erlauben«, hört man häufig von Presseoffizieren, die
Journalisten etwas mehr Zugang als üblich gewähren.

Zwar gibt sich das Bundesverteidigungsministerium
deutlich offener, seit Verteidigungsminister Karl-Theodor
zu Guttenberg im Amt ist. Aber viele Dienststuben durch-
weht immer noch der alte Geist. Der beste Beleg dafür ist
ein internes Infoschreiben, das Bundeswehr-Chefsprecher
Christian Dienst nach Guttenbergs Amtsantritt an seine
Presseoffiziere schickte. »Konzeption und Erlasslage«,

heißt es darin, »aber auch unser Selbstverständnis in der Presseorganisation der Bw (Bundeswehr) verpflichten uns zu Aufrichtigkeit, Offenheit und Glaubwürdigkeit in der Informationsarbeit.«

Bezeichnend ist, dass unter anderem die »Erlasslage«, die sich naturgemäß jederzeit ändern kann, zur »Aufrichtigkeit« verpflichtet.

Weiter heißt es in dem Schreiben: »Interviews und O-Töne von Angehörigen der Bw vermitteln in aller Regel hohe Glaubwürdigkeit, berühren jedoch oft potenziell sensitive Aspekte, die von OpSec (Operative Sicherheit) und Persönlichkeitsschutz bis hin zu hochpolitischen Fragen reichen. In diesem Zusammenhang trägt das Pressefachpersonal aller Ebenen Mitverantwortung für Schutz, Führungsfähigkeit und Erscheinungsbild der Truppe ... Wir sind daher einerseits aufgefordert, Transparenz zu fördern und dazu – wo geboten bzw. gewünscht und verantwortbar – auch Interviews und O-Töne zu ermöglichen. Andererseits bleibt es im allseitigen Interesse, sensitive Bereiche vorab zu erkennen und pressefachlich sorgfältig zu beurteilen, ob und wie Interviews und O-Töne gegeben werden können bzw. welche pressefachliche Vorbereitung zweckmäßig ist.«

Der Brief schließt mit den Worten: »In einem Satz: Neue Transparenz ja, aber nicht zu Lasten von Schutz, Führungsfähigkeit und Erscheinungsbild.«

Man kann sich ungefähr vorstellen, mit welch großer Begeisterung für die »neue Transparenz« die Presseoffiziere nach diesem Schreiben an ihre Arbeit gingen.

Im April 2009 besuchte Kanzlerin Angela Merkel die Soldaten in Afghanistan. In ihrer fast vierjährigen Amts-

zeit war es erst ihre zweite Reise an den Hindukusch. Das
Feldlager in Kunduz war ihr erster Zwischenstopp. Dort,
so gab das Verteidigungsministerium später bekannt, »ließ
sich Bundeskanzlerin Merkel die Erfolge bei der Umset-
zung des vernetzten Ansatzes im Rahmen ihrer Afghanis-
tan-Strategie der Bundesregierung vorstellen«. Damit waren die zivilen Projekte gemeint, die Oberst Georg Klein,
der Merkel an jenem Tag empfing, später einen »Tropfen
auf den heißen Stein« nennen sollte. Die Projekte, die aus
Sicht des Kommandeurs vor Ort »weit hinter dem Bedarf«
zurückblieben. Vor ihrer Weiterreise sprach Merkel noch
mit einigen deutschen Soldaten. »Hierbei«, so die Pressemitteilung des Verteidigungsministeriums, »kristallisierte
sich der Wunsch der Soldaten heraus, eine eigene Trup-
penfahne in Kunduz zu bekommen.«

Es war der April, der mit einem schweren Gefecht begonnen hatte und mit neun verwundeten und einem gefallenen Deutschen enden sollte. Es war der Monat, in dem
die Soldaten keine Fahne, sondern vor allem eines gebraucht hätten – mehr Soldaten. Zwanzig Minuten nach
Merkels Abreise schlugen zwei Raketen in der Nähe des
Feldlagers ein.

Von Kunduz aus flog Merkel weiter nach Camp Marmal
in Mazar-e-Sharif, mit rund 2500 Bundeswehrsoldaten
das größte Feldlager der Deutschen in Afghanistan. Im
Stadtzentrum von Mazar-e-Sharif besuchte Merkel die
»High School Ali Chapan«. Fotos von dem Besuch zeigen
Merkel mit fröhlichen, singenden Mädchen in liebevoll
verzierter Landestracht. »Highlight des neuen Schulge-
bäudes ist der komplett eingerichtete Computerraum, in
dem die Jungen und Mädchen der Schule unterrichtet

werden«, hieß es später in der Pressemitteilung des Verteidigungsministeriums. »Dafür wurde durch die deutschen
Soldaten extra ein Stromaggregat angeschafft und instal-
liert, um den Rechnern eine schwankungsfreie Stromver-
sorgung zu sichern.« Merkels Besuch in der Schule sollte
vom Aufbruch künden, vom Wiederaufbau, vom »neuen
Afghanistan«.

»Als wir erfuhren, dass Merkel die Schule besichtigen
sollte«, erzählte uns später ein deutscher Soldat, »schick-
ten wir eine Patrouille dorthin. Die Kameraden sollten
gucken, ob alles in Ordnung war und wie man die Schule
sichern könnte. Sie fanden dabei heraus, dass an dem
Montag eigentlich gar keine Mädchen in der Schule gewesen wären. Die werden immer nur an bestimmten Tagen
in der Woche unterrichtet. Die Patrouille fuhr deswegen in
die umliegenden Dörfer, um den Leuten zu sagen, dass sie
ihre Töchter an dem Montag in die Schule schicken sollten. Der Generator für den Computerraum hatte keinen
Treibstoff mehr. Der war schon länger nicht mehr benutzt
worden. Den mussten wir erst mal wieder flott machen.«

Für den Besuch der Kanzlerin hatten deutsche Pioniere
die Kulisse vom »neuen Afghanistan« fix zusammenge-
zimmert.

Einen Monat nach dem Besuch von Angela Merkel, im
Mai 2009, reisten wir ins deutsche Feldlager in Kunduz.
Der Hauptgefreite Sergej Motz war kurz zuvor gefallen,
nahezu täglich wurde die Bundeswehr nun in Gefechte
verwickelt, die Stimmung bei den Soldaten war ange-
spannt. Gerade war die Quick Reaction Force (QRF) nach
Kunduz verlegt worden, die schnelle Eingreiftruppe der
Bundeswehr. Ein Kampfverband, der helfen sollte, die er-

starkten Taliban zurückzuschlagen. Mit den Soldaten der QRF saßen wir in einem kargen Saal und warteten auf die sogenannte Lageeinweisung. Die Soldaten sollten eine Idee davon bekommen, was auf sie zukam. Wir durften bei dem Vortrag dabei sein. Eine Tür klapperte, die Soldaten flüsterten untereinander, scherzten, gedämpftes Lachen. Schließlich trat ein sportlicher Oberstleutnant vor die frisch eingetroffene Truppe. Er hielt einen sachlichen Vortrag über die Lage in Kunduz. Er sprach von Raketenbeschuss, Selbstmordattentätern, versteckten Sprengfallen, Gefechten, Hinterhalten. Er schloss seinen Lagevortrag mit den ernüchternden Worten: »Wir stehen hier kurz vor einem Bürgerkrieg.«

Unter den Zuhörern war auch ein Presseoffizier aus dem Einsatzführungskommando in Potsdam, ebenfalls Oberstleutnant. Wenige Stunden zuvor war er in Kunduz eingetroffen, um sich »mal selbst ein Bild von der Lage zu machen«, wie er sagte. Als er das Wort »Bürgerkrieg« vernahm, zuckte er zusammen, blickte zu uns herüber und schüttelte sacht missbilligend den Kopf. Kaum war der Vortrag zu Ende, marschierte er zum Oberstleutnant, der den Vortrag gehalten hatte, und redete sehr energisch auf ihn ein.

»Was haben Sie ihm denn gesagt?«, fragten wir den Presseoffizier aus Potsdam anschließend.

»Na, dass er hier vor Ihnen und den Kameraden nicht einfach so von Bürgerkrieg sprechen kann. Das entspricht doch überhaupt nicht der Realität.«

»Der kann mir gar nichts sagen«, blaffte der gescholtene Oberstleutnant, als wir ihn wenig später wiedertrafen. »Der war ja nicht monatelang hier und hat erlebt, was wirklich los ist.«

Nur rund ein halbes Jahr später nannte Karl-Theodor zu Guttenberg die Situation in Afghanistan einen »nicht-internationalen bewaffneten Konflikt« – in den Genfer Konventionen der Fachbegriff für einen Bürgerkrieg.

Es ist die Sprache der eigenen Soldaten, die das Verteidigungsministerium derart zu fürchten scheint. Die ungehobelten, rohen Sätze vieler Soldaten passen nicht zu den verdrucksten Sprachregelungen, abgefasst im Bürokratendeutsch der Bundeswehr. »Ebenengerecht« ist eines dieser immer wiederkehrenden Worte in der Bürokratensprache. Deutsche Soldaten dürfen sich nur »ebenengerecht« äußern. Ein Hauptgefreiter darf über seine tägliche Arbeit sprechen, über den Panzer, in dem er sitzt, über das Essen, das er isst. Aber über die Lage in Afghanistan, über die Strategie seiner Regierung und Generale, darf er offiziell nichts sagen, weil er sie von seiner niedrigen Ebene aus nicht überblicken kann.

Bei unserem Besuch in Kunduz interviewten wir auch einen Hauptmann der Bundeswehr, der seine Soldaten wenige Tage zuvor in einem Gefecht mit den Taliban geführt hatte. Die Taliban hatten die deutsche Patrouille auf Motorrädern angegriffen. »Als sie uns gesehen haben, haben sie die Geschwindigkeit erhöht«, schilderte er. »Die Männer vom Sozius sind abgesprungen, bei voller Fahrt, und in Stellung gegangen, sie haben gleich geschossen. Wir haben zurückgeschossen.« Der Hauptmann erzählte, er habe gesehen, wie zwei Motorräder getroffen worden seien. Zwei der Angreifer seien umgefallen. Die habe man »vom Motorrad geschossen«.

Es war das erste Gefecht, bei dem Taliban getötet wurden, seit der Hauptgefreite Sergej Motz zwei Wochen zuvor von einer Panzerfaust getroffen worden war. »Trotzdem gab es keine Freude nach dem Motto: Juhu, ich habe jemanden erschossen«, sagte der Hauptmann.

Ob es denn nach dem Tod des Kameraden so etwas wie eine Genugtuung gewesen sei, fragten wir.

»Ganz ehrlich, für manche war es eine Genugtuung«, antwortete der Hauptmann. »Alles andere wäre gelogen.«

In diesem Moment ergriff der Presseoffizier, der das Interview »betreute«, das Wort. Er müsse sich jetzt mal kurz einschalten, um Missverständnissen vorzubeugen. Es gehe natürlich nicht um eine »Genugtuung im Sinne des Bodycounts«, davon könne keine Rede sein. Vielmehr ginge es den Soldaten natürlich um die Gesamtstabilität des Einsatzes, um das robuste Auftreten und so weiter. Der Hauptmann, im Dienstgrad niedriger als der Presseoffizier, nickte.

Wie es denn den Soldaten gehe, die bei diesem Gefecht zum ersten Mal in ihrem Leben einen Menschen erschossen hatten, wollten wir wissen.

»Das gehört nun mal zum Beruf«, antwortete der Hauptmann. Die Männer würden untereinander reden, das unter Kameraden verarbeiten, es gehe ihnen ganz gut.

Später erfuhren wir, dass die beiden Soldaten, die geschossen hatten, ausgeflogen worden waren. Es ging ihnen überhaupt nicht gut, sie waren auf dem Weg nach Hause, um sich psychologisch betreuen zu lassen. Aber offiziell durften sie weder Genugtuung empfinden noch verzweifelt sein. Offiziell war alles in bester Ordnung.

Wir wüssten schon, wie er das mit der Genugtuung gemeint habe, sagte der Hauptmann, als wir ihn später wiedertrafen.

Eines Nachmittags, während dieser Tage in Kunduz, saßen wir auf der kleinen Terrasse der »Betreuungseinrich-
tung« im Feldlager, einer Mischung aus Imbiss, Kino und
Souvenirladen mit dem Namen »Lummerland«. Im »Lummerland« gab es Currywurst, Limonade, T-Shirts mit Af-
ghanistan-Motiven und abends bis 22 Uhr auch Bier. Ein
Soldat setzte sich zu uns in den Schatten der Sonnenschirme. Er gehörte zu den Aufklärern, zur Elite der
Truppe. In kleinen Trupps durchkämmen die Aufklärer
den Norden Afghanistans, um Taliban-Gruppen und Hinterhalte aufzuspüren. Ein Presseoffizier war nicht dabei,
als wir uns unterhielten.

»Was wir hier genau machen, interessiert in Deutschland doch niemanden«, sagte er. »Die haben ihre Wirtschaftskrise und die Bundesliga, und wir kommen ganz
klein im Tickerband der Nachrichtensender. Ich kann das
auch irgendwie verstehen. Wenn ich Zivilist wäre, würde
ich mich auch fragen, warum ich mich für Afghanistan
6000 Kilometer weit weg interessieren soll.«

Der junge Feldwebel trank einen Schluck von seiner
Cola. Wir fragten ihn, ob wir mitschreiben dürften. »Klar«,
sagte er. Das sind die Notizen:

»Alle reden immer von dem großen Konzept für Afghanistan. Aber scheiß auf das Konzept. Heute leben, morgen leben, übermorgen immer noch leben, das interessiert mich. Und natürlich: Wenn die Taliban das 1:0
schießen, dann wollen wir das 1:1 machen und dann
das 2:1. Na klar tut das gut, wenn wir einen von denen
erwischen. So sind nun mal Soldaten. Die Quick Reaction Force ist ein Kampfverband. Und wenn die hören,

da sind fünfzehn Bärtige, dann wollen die kämpfen.
Dafür sind sie ja auch ausgebildet. Das muss man den
Leuten in Deutschland auch mal ehrlich sagen. Vor ein
paar Jahren war Peter Scholl-Latour hier und hat gesagt: ›Sorry, dass ihr von eurer Führung hierher geschickt werdet. Aber ihr habt hier keine Chance. Ihr
werdet nur verheizt.‹ Da haben alle geklatscht. Und
dass wir hier töten müssen, darauf waren die meisten
gar nicht vorbereitet. Das hat uns vorher auch niemand
gesagt. Da können jetzt einige natürlich nicht mit umgehen. Ihr seht doch, wie wir hier mit unserer schweren Ausrüstung durchs Gelände stapfen und schwitzen
wie die Schweine. Die Taliban gehen im Nachthemd
mit ihrer Kaschi (Kalaschnikow) den Berg hoch, im
Sommer und im Winter. Wir gehören hier einfach nicht
her. Wir versuchen hier alle nur, unsere eigene Haut zu
retten. Wenn ich ohne Beine zurückkomme, dann frage
ich mich doch, wofür. Und wofür? Für nichts. Und in
Deutschland fragt keiner, wie es mir geht, wie es in
Afghanistan war. Da geht es darum, wer die Kinder
in den Kindergarten bringt. Die ganz einfachen Probleme.«

Das waren die Gedanken des Soldaten in seinen eigenen
Worten. Am Morgen nach unserem Gespräch fuhr er wieder raus auf Patrouille, und wir fuhren mit. Die Patrouille
sollte weit aus dem Stadtgebiet von Kunduz hinausführen,
in eine ländliche, unübersichtliche Gegend, in der Hecken
und dichte Baumreihen die Getreidefelder unterteilten.
Die Taliban kontrollierten die Region. Sie hatten verboten,
dass die Mädchen dort zur Schule gingen. Die Bundes-

wehr vermutete ausländische Kämpfer – Araber und
Tschetschenen – in den Dörfern. Die Soldaten der QRF
sollten Präsenz zeigen, die Taliban einschüchtern und sie
vielleicht sogar zu einem Angriff reizen.

Wieder wurden wir von einem Presseoffizier begleitet.
Anders als die Amerikaner und Engländer – und entgegen
der Empfehlung der ISAF – hat die Bundeswehr kein Em-
bed-Programm. Journalisten können sich nicht für eine
Einheit, eine Region oder Operation akkreditieren und
Soldaten im Einsatz begleiten, mehrere Wochen mit ihnen
verbringen und ihren Alltag erleben. Das Embed-System
wurde in den letzten Jahren oft als »Gleichschaltung« ge-
scholten, Journalisten sollten damit gefügig und zu »Cheer-
leadern« des Krieges gemacht werden. Zu Unrecht. Der
Zugang, den die Amerikaner gewähren, ist nahezu uneingeschränkt. Hunderte erschütternde Reportagen amerikanischer und internationaler Journalisten über Tod, Verwundung und Kampf in Afghanistan und im Irak sind der
beste Beweis dafür. Es gibt bei den Amerikanern auch
keine Presseoffiziere, die Journalisten zu ihren Einheiten
begleiten und Interviews beaufsichtigen. Alle Soldaten
dürfen namentlich zitiert werden, was die Bundeswehr
verbietet. In zahlreichen Fernsehdokumentationen, Reportagen und Büchern berichten amerikanische Soldaten
von der unfähigen afghanischen Armee und der korrupten
Regierung. Ein Foto der Nachrichtenagentur AP, das einen
toten US-Soldaten zeigt, gewann 2009 den renommiertes-
ten Fotopreis der Welt, den »World Press Photo Award«.
Zwar sprach sich der amerikanische Verteidigungsminister Robert Gates gegen die Veröffentlichung des Bildes
aus, aber zensiert wurde es nicht. Das Foto wurde in Ma-

gazinen und Zeitungen weltweit gedruckt, vom *Portland Press Herald* bis hin zu *Paris Match*, die *New York Times* zeigte es auf ihrer Internetseite.

Nichts Vergleichbares, nichts auch nur ähnlich Wahrhaftiges, ist in all den Jahren des deutschen Afghanistan-Einsatzes über die Soldaten der Bundeswehr erschienen. Die schwer verwundeten Soldaten, die sich später an die Presse wandten und ihre Geschichten erzählten, sahen sich häufig dazu gezwungen, weil sie mit der Bundeswehr im Streit über ihre Versorgungsansprüche lagen. Das Verteidigungsministerium zog es viel zu lange vor, Journalisten in möglichst enge »Manndeckung« durch ihre Presseoffiziere zu nehmen. Die offiziellen Gründe dafür waren das hohe »Risiko für die Kameraden von der Presse« und die »Fürsorgepflicht« der Bundeswehr gegenüber den Medienvertretern.

Die Patrouille nördlich von Kunduz verlief ruhig. Unser Konvoi aus mehreren schwer gepanzerten Fahrzeugen hielt für eine Pause auf einem Hochplateau. Von der Anhöhe blickten wir über sattgrüne Felder, die zu kargen gelben Steppen wurden, wo die Bewässerungsgräben endeten. In die Landschaft gesprenkelt sahen wir die Dörfer, braune Häuflein, kubische kleine Häuser, geformt aus Lehm und Stroh. Es dauerte nicht lange, bis aus all den umliegenden Dörfern schwarzer Rauch aufstieg.

»Das ist ihr Zeichen«, sagte einer der Soldaten. »Sie geben Alarm, dass wir hier sind.«

In einiger Entfernung, auf einer Sandpiste, sahen wir einen Mann, der einen Esel hinter sich herzog. »Der arme Esel«, sagte ein Soldat, der durch ein Fernglas die Straße beobachtete. »Muss den ganzen Tag buckeln und sich abends noch vögeln lassen.« Wir lachten.

Kommandeur der QRF war der charismatische und stets entschlossen wirkende Oberstleutnant Hans-Christoph Grohmann, ein Hüne von sicher über 1,90 Meter. Seine Philosophie beschrieb er mit den Worten: »Wenn jemand auf uns schießt, dann schießen wir zurück und töten ihn, denn niemand *muss* auf uns schießen.« Über seine Soldaten sagte er: »Wie alle Soldaten seit 2000 Jahren glauben sie fest daran, dass es sie schon nicht trifft. Ich habe den Familien klar gesagt: Ich kann nicht versprechen, dass ich alle wieder lebend nach Hause bringe. Aber ich werde mein Bestes tun.«

Grohmann entschied an diesem Nachmittag, eine Patrouille in eines der Dörfer zu schicken. Die Soldaten sollten herausfinden, wann die Taliban den Mädchen verboten hatten, zur Schule zu gehen.

»Dürfen wir mit?«, fragten wir Grohmann.

»Klar«, antwortete er.

Unser Presseoffizier war nicht besonders erfreut darüber, uns in ein Dorf begleiten zu müssen, in dem sich möglicherweise eine Gruppe von Taliban versteckt hielt.

»Das halte ich jetzt für keine so gute Idee«, sagte er, während wir mit einigen Soldaten zusammenstanden. »Das ist doch Irrsinn, in so ein Dorf zu gehen. Das bringt doch überhaupt nichts.«

Die Soldaten sahen unseren Presseoffizier verwundert an. Sie waren es nicht gewöhnt, dass jemand offen die Befehle ihres Kommandeurs infrage stellte. Die meisten von ihnen waren Anfang, Mitte zwanzig, Hauptgefreite, Obergefreite, niedrige Dienstgrade. Sie konnten nicht entscheiden, ob sie dem Befehl folgen wollten oder nicht. Außerdem waren sie ausgebildet und nach Afghanistan geschickt worden, um in genau solche Dörfer zu gehen. Ihr Auftrag war, dort zu sein, wo die Taliban sein wollten. Das Letzte, was sie brauchten, war ein deutlich älterer und ranghöherer Presseoffizier, der über ihre Mission unkte.

Wir gingen hinunter in das Dorf und trafen nur einen einzigen Mann, ansonsten waren die Straßen leer wie in der High-Noon-Szene eines Westerns, was kein gutes Zeichen war. Die Taliban waren da, sie beobachteten uns. Aber nichts geschah an diesem Nachmittag.

Auf dem Rückweg nach Kunduz fuhren wir durch ein größeres Dorf. Mühsam schoben sich die gepanzerten Dingos die schmale Straße entlang, ein Pulk lachender, vom aufgewirbelten Staub verdreckter Kinder verfolgte uns. Sie machten mit ihren Händen Zeichen, als würden sie ein kleines Paket in die Luft malen.

»Scheiße«, sagte unser Presseoffizier, der mit uns im Dingo saß. »Die Kinder machen wieder das Bombenzeichen. Das haben sie letztes Mal auch gemacht, bevor wir angesprengt wurden.«

»Keine Sorge«, antwortete ein Feldwebel. »Die wollen nur eines unserer Essenspakete.«

* * *

Kurz nachdem wir aus Kunduz zurückgekehrt waren, erschien in *BILD* ein Kommentar: »Die Statistik offenbart, was viele Politiker ihren Wählern noch immer verheimlichen wollen«, hieß es darin. »So viele Gefechte wie nie zuvor. Jede Woche Tote und Verwundete. Immer wieder erschießen Bundeswehrsoldaten Taliban-Kämpfer. In Afghanistan ist Krieg, erzählt die Statistik.«

Der Kommentar erschien am 12. Juni 2009. Am Nachmittag desselben Tages rief der Sprecher des Bundesverteidigungsministeriums, Kapitän Christian Dienst, in
der Redaktion an. Wen man denn genau mit »Politiker«
meine, verlangte er zu wissen.

»Die Politiker, die sagen, in Afghanistan wäre kein Krieg«,
war die Antwort.

»Dann fragt sich der Minister (damals noch Franz Josef
Jung) schon, warum er Sie noch auf seine Kosten mit ins
Einsatzland nehmen soll, wenn Sie so was schreiben«,
sagte Dienst.

Um diesen und ein paar weitere Vorfälle zu besprechen,
gingen wir einige Wochen später mit Thomas Raabe, dem
damaligen Vorgesetzten von Kapitän zur See Dienst, essen. Es gab Weißwein, Wiener Schnitzel und gegrillten
Fisch. Ein Mittag im Spätsommer auf der Terrasse eines
Berliner Restaurants. Wir einigten uns darauf, die Vergangenheit ruhen zu lassen und in Zukunft offener zu-
sammenzuarbeiten. Aber die Einigung hielt nur wenige
Stunden.

Am darauffolgenden Tag, dem 24. September 2009, erschien in *BILD* eine kleine Meldung. Darin ging es um den
bevorstehenden Deutschland-Besuch des ISAF-Kommandeurs Stanley McChrystal. Schon morgens früh rief Raabe
an, es war kurz nach acht. »Ich weiß ja nicht, wer das geschrieben hat«, sagte er, »aber das ist Quatsch. McChrystal kommt nicht nach Deutschland.« Einen Tag später, am
25. September, landete McChrystal auf der US-Luftwaf-
fenbasis in Ramstein (Rheinland-Pfalz).

Die Öffentlichkeitsarbeit des Verteidigungsministeriums
hat sich seit Beginn des Afghanistan-Einsatzes und beson-

ders in den vier Jahren unter Franz Josef Jung zu einer
bizarren, hochbürokratischen Verschleierungsmaschine
entwickelt. Die Deutschen wurden abgekoppelt von den
tatsächlichen Entwicklungen in Afghanistan, vom Nieder-
gang der Sicherheit im Land, vom Untergang der westlichen Träume von Demokratie und Frieden, von den Alp-
träumen ihrer Soldaten.

Zum Weihnachtsfest 2009 druckte das Magazin der *Süd-
deutschen Zeitung* mehrere Seiten mit Feldpostbriefen
deutscher Soldaten in Afghanistan. Die Briefe handelten
von Wut und Angst, Trauer und Schmerz, schweren Gefechten, Tod und Verwundung.

»Von Juni an waren wir knapp sechs Wochen in Kunduz,
wo noch letzte Woche die schwersten Gefechte der Bundeswehr seit dem letzten Krieg stattfanden«, schrieb ein
Hauptfeldwebel nach Hause. »Außer den drei gefallenen
deutschen Kameraden haben wir noch einen schweren
Bombenanschlag auf die Amis mit vier Toten erlebt.« Ein
Oberstabsarzt schrieb: »Spätestens nach dem zweiten Bun-
keralarm entwickelt auch der größte Philanthrop blutige
Rachegelüste. Die militärisch einfachste Lösung, die hier
von den Soldaten auch favorisiert wird, ist der groß ange-
legte Artillerie-Gegenschlag ...«

Es waren Briefe, die in zwanzig, dreißig Jahren helfen
werden, die wahre Geschichte vom Krieg am Hindukusch
zu erzählen. »Dieses Heft«, schrieb Dominik Wichmann,
Chefredakteur des *SZ Magazins*, »sollte eigentlich auch
der Bundeswehr ein Anliegen sein.« Tatsächlich versuchte
der Presse- und Infostab des Verteidigungsministeriums,
die Veröffentlichung zu verhindern. Das *SZ Magazin* zitierte aus einem internen Schreiben des Ministeriums:

»Ziel des Artikels ist es nach Aussage der Redaktion, den
Lesern einen möglichst realistischen Einblick in den Alltag
des deutschen Kontingents zu geben ... Ggf. besitzen die
Journalisten bereits Kontakte zu Soldaten, die sich für das
Projekt zur Verfügung stellen würden ... PrInfoStab hat
entschieden, das Vorhaben nicht zu unterstützen. Anfra-
gen der *SZ* nach Kontakten zu Soldaten sind daher abzu-
lehnen.«

Die Deutschen haben den Kontakt zu ihren Soldaten
verloren. Aus den Augen, aus dem Sinn. Es gibt so gut wie
keine öffentlichen Solidaritätsbekundungen, keine »Sup-
port our troops«-Aufkleber. Nur selten kommt es vor, dass
an Sonntagen in deutschen Kirchen für die Soldaten in Afghanistan gebetet wird. Anders als in amerikanischen
Camps, stapeln sich in den deutschen Feldlagern in Kunduz, Mazar-e-Sharif und Feyzabad keine Kisten mit Süßigkeiten, Zahnpasta, Rasierschaum, Zeitungen, Büchern und
Magazinen, die wildfremde Menschen für ihre Soldaten
packen und nach Afghanistan schicken. Gibt es Schul-
klassen, die über Afghanistan diskutieren und Briefe an
die Soldaten schreiben?

Zwar wird die »Sicherheit der Bundesrepublik Deutschland auch am Hindukusch verteidigt« (Peter Struck), jedoch geschah das in den letzten Jahren weitestgehend
unter Ausschluss der Öffentlichkeit. Die Medien hätten
die Brücke zwischen den Deutschen und ihren Soldaten
sein können. Aber sie wurden bestmöglich ferngehalten
von den Feldern und Hügeln bei Kunduz, in denen die
Soldaten kämpfen. Irgendwo an einer der zahlreichen
Schnittstellen zwischen Politik und Militär war man sich
einig, dass die ohnehin geringe Unterstützung der Deut-

schen für den Einsatz nur noch weiter schwinden würde, wüssten sie zu viel über den Alltag in Afghanistan. Die Eitelkeiten der Politik waren lange wichtiger als die Befindlichkeiten der Soldaten.

Im Sommer 2009 fragten wir einen Presseoffizier, ob wir nicht einmal eine deutsche Medevac-Crew begleiten könnten. Die Piloten, Sanitäter und Ärzte der Bundeswehr, die verwundete Soldaten evakuieren, oft unter Beschuss, und sie im Hubschrauber ins Feldlazarett fliegen. »Das sind doch wirklich Helden«, sagten wir.

»Hm, das wird schwierig«, sagte der Presseoffizier, der uns gern helfen wollte. »Wir wollten so was schon mal machen, aber das wurde von oben abgelehnt. Aus Versicherungsgründen. Ihr könntet ja aus dem Hubschrauber fallen.«

ONE DOLLAR SIR

Es ist der blutigste Jahresbeginn seit dem Einmarsch der NATO-Truppen in Afghanistan. Im Januar und Februar 2010 verlieren einhundert Soldaten ihr Leben, die meisten von ihnen zerrissen von versteckten Sprengfallen. Es sind die Wochen, in denen die erste Welle von Barack Obamas Truppenerhöhung übers Land rollt. Tausende von US Marines rücken in die Südprovinzen Helmand und Kandahar ein.

Es ist ein kühler, sonniger Januartag in Kabul. Gelber Smog hängt in dem Bergkessel, der die afghanische Hauptstadt umschließt. Kabul ist zu einer Stadt im Belagerungszustand geworden. Checkpoints der afghanischen Polizei und Armee unterbrechen in der ganzen Stadt den zähen Fluss des Verkehrs. Ministerien, Botschaften, Banken und Hotels sind eingebunkert hinter »T-Walls«, meterhohen Betonbarrikaden, die vor Autobomben schützen sollen. Schwarze amerikanische Black-Hawk-Helikopter und weiße Überwachungszeppeline hängen am Himmel über der Stadt, Humvee-Jeeps mit aufgepflanzten Maschinengewehren stehen an den Straßenkreuzungen, vor den besseren Wohnstraßen liegen Rollen von Stacheldraht. Vor den wenigen Villen Kabuls stehen vermummte Männer mit Kalaschnikows.

Um die Sperren zu passieren, braucht man eine kaum noch überschaubare Zahl von Ausweisen, Genehmigungen und Passierscheinen – aber kaum einer der afghanischen Soldaten und Polizisten an den Checkpoints kann lesen. Wenn Präsident Hamid Karzai seinen Palast verlässt, müssen aus Sorge vor Anschlägen große Teile der Stadt abgeriegelt werden. Der wichtigste Verbündete des Westens, der »Bürgermeister von Kabul«, wie Karzai abfällig genannt wird, ist einer der meistgehassten Männer des Landes.

Wir stehen vor dem Hauptquartier der ISAF. Die umliegenden Straßen sind für den Verkehr gesperrt. In den Wachtürmen erkennen wir schemenhaft die Soldaten, die uns durch zentimeterdickes Panzerglas beobachten. An einer Straßenecke ein paar Meter entfernt stehen fünf Kinder, keines älter als sieben Jahre. Sie sind in Lumpen gekleidet und tragen Plastiksäcke. Sie graben mit ihren Händen im Müll, suchen nach Metall, Dosen, Flaschen, Schrauben. Das kleinste Kind, ein Mädchen, ist vielleicht vier Jahre alt. Seine dunklen Haare sind matt und strähnig. Der Plastiksack des Mädchens ist leer, weil die größeren Jungs nicht viel übrig lassen.

Als die Kinder uns sehen, stürmen sie auf uns zu. Sie strecken ihre schwarzen Hände aus, zupfen uns an den Taschen und rufen: »One Dollar Sir. One Dollar Sir. One Dollar Sir. One Dollar Sir, please. One Dollar Sir.« Eine süßliche Wolke von Abfallgeruch umhüllt die Kinder. Sie hausen irgendwo hier im Schatten der ISAF-Festung. Sie gehen nicht zur Schule.

»One Dollar Sir.«

Rund 20 Milliarden Dollar Entwicklungshilfe flossen zwischen 2001 und 2008 an Afghanistan. Noch einmal 20 Milliarden Dollar wurden auf einer internationalen Geberkonferenz im Juni 2008 bewilligt. Allein Deutschland zahlte zwischen 2001 und 2010 rund 1,1 Milliarden Euro für Schulen, Straßen, Stromleitungen, Krankenhäuser. Niemand weiß, wie viel davon in den korrupten Behörden und Ministerien des Landes versickert ist.

»One Dollar Sir, please.«

Im Hauptquartier der ISAF treffen wir deren Kommandeur Stanley McChrystal zum Interview.

Der amerikanische General hasst die hohen Mauern. Er glaubt, dass sie schädlich sind für seine Mission, dass sie die Afghanen ausgrenzen, sie misstrauisch machen. McChrystal ist so etwas wie die letzte Trumpfkarte der Amerikaner. Er soll mit seiner Strategie diesen Krieg wenden, in dem in den letzten Jahren vor allem die Mauern und die Paläste korrupter Politiker und Drogenbosse gewachsen sind. Wir sprechen ihn auf die Kinder an, an denen bisher so viele Entwicklungsmilliarden vorbeigeflossen sind.

»Die Kinder hier sind unglaublich zäh. Wenn ich sie sehe, denke ich an die Zukunft«, sagt Stanley McChrystal. »Ich will, dass sie eine Chance bekommen. Sie haben aber nur eine Chance, wenn wir sie beschützen können. Wenn sie sich nicht jeden Morgen sorgen müssen, ob sie umgebracht werden. Und sie müssen die Möglichkeit haben, zur Schule zu gehen und zu lernen.«

Als wir das ISAF-Hauptquartier wieder verlassen, ist es schon fast dunkel. Die Scheinwerfer der Wachposten werfen ein kalt-weißes Licht auf den Asphalt. Die Kinder sind verschwunden, es friert. Wir sehen einen Mann mit einem Reisigbesen. Er fegt den Staub von der Straße in der staubigsten Stadt der Welt.

Drittes Kapitel

DAS IST PARTISANENJAGD

Es war einer der vielen »historischen Tage« im großen
Ringen um ein besseres Afghanistan; und ungewisser
denn je war, ob dieses Ringen in einem historischen
Triumph oder einer epischen Niederlage münden würde.
Es war der 19. November 2009, der Tag der zweiten Amts-
einführung von Präsident Hamid Karzai. 300 Staatsgäste
waren angereist, unter ihnen der deutsche Außenminister
Guido Westerwelle und US-Außenministerin Hillary Clin-
ton. Ganz Kabul war abgeriegelt, die afghanischen Sicher-
heitsbehörden hatten verfügt, dass »gute Menschen« an
diesem Tag zu Hause bleiben und »nur schlechte Menschen« auf die Straße gehen würden. Die meisten Afghanen verstanden den Hinweis.

Mit einer Gruppe von Journalisten standen wir vor dem
Eingangstor des Präsidentenpalastes. Eine riesige Fahne
wehte sich träge wellend vor dem klaren Winterhimmel.
Hinter den Palastmauern sollte Guido Westerwelle in einigen Minuten ein Statement abgeben. Ein drahtiger Mann
mit rasiertem Schädel und Sonnenbrille führte uns zur

Sicherheitskontrolle des Palastes. Ein kleiner Raum, nackte Steinwände, ein schmutziges Fenster. Im Raum standen ein Metalldetektor und ein Durchleuchtungsgerät wie am Flughafen. Wir holten unsere Handys und alle Metallgegenstände aus den Taschen und legten sie in Plastikkörbe.

So begann die große Verwirrung an diesem historischen Tag.

Die sechs Sicherheitsleute begannen zu diskutieren. Sie konnten sich nicht einigen, ob wir die Handys in das Durchleuchtungsgerät oder auf einen kleinen Tisch neben dem Metalldetektor legen sollten. Sie gestikulierten, nahmen die Handys in die Hand, hielten sie beschwörend hoch, legten sie wieder zurück in die Plastikkörbe. Die Diskussion dauerte eine knappe halbe Stunde. Schließlich entschieden die Männer, dass die Handys in die Maschine gehörten; dann kamen alle sechs durch den Metalldetektor zu uns, um uns mit den Händen abzutasten. Niemand blickte auf den Kontrollmonitor, während die Handys durchleuchtet wurden. Bittere Symbolik lag in diesem Moment.

Die afghanischen »Sicherheitskräfte«, die in naher Zukunft Afghanistan beschützen sollten, konnten nicht einmal den Palast ihres Präsidenten beschützen. Die sechs Männer, die vermeintliche Elite ihrer Zunft, waren undiszipliniert, unprofessionell und untereinander zerstritten. Tausende ISAF-Soldaten patrouillierten in den Straßen der afghanischen Hauptstadt und sicherten sie gegen die Taliban, die eigentlich seit acht Jahren besiegt sein sollten. Hunderte Staatsgäste waren in das Land gereist, das sie noch vor nicht allzu langer Zeit in eine Demokratie hatten verwandeln wollen, um nun einem der dreistesten

Wahlfälscher der Welt zu seinem »Wahlsieg« zu gratulieren.

Afghanistan ist nicht nur der sprichwörtliche »Friedhof der Weltmächte«, sondern inzwischen auch ein Friedhof der Ideen und Ideale. Auch die Deutschen haben hier einige davon begraben müssen. Die Idee eines demokratischen Afghanistans, die Idee eines weitgehend friedlichen Wiederaufbaus, die Idee einer funktionierenden Justiz. Obendrein verschliefen das Verteidigungsministerium und die Führung der Bundeswehr die wohl wichtigste militärische Entwicklung dieses Krieges und des 21. Jahrhunderts, das Konzept der »Counterinsurgency«, die Aufstandsbekämpfung in einem modernen Guerillakrieg gegen muslimische Fundamentalisten.

Die Deutschen hatten viele Konzepte für Afghanistan, aber nie eine wirkliche Strategie. Ihnen fehlte das tiefe Verständnis dafür, wie unendlich weit Afghanistan hinter Deutschland zurücklag. Um in Afghanistan zu bestehen, muss man sein eigenes Denken zurücklassen, seine Strukturen, man muss abschließen mit allen Errungenschaften der Zivilisation – nicht unbedingt eine deutsche Stärke.

Kurz nach der verkorksten und gefälschten Wahl im August 2009 begleiteten wir eine Einheit amerikanischer Marineinfanteristen in Helmand.

»It's like the fuckin' Old Testament«, sagte einer der Marines.

»Es ist wie die verdammte Steinzeit«, sagte ein anderer. »Ich fühl mich wie ein fuckin' Dinosaurier in der verdammten Steinzeit.«

»Es gab keine verdammten Dinosaurier in der Steinzeit«, sagte noch ein anderer Marine.

»Was zur Hölle weißt du schon?«

Wir versanken mit unseren Stiefeln im Schlamm unendlich weiter Mohnfelder. 95 Prozent des weltweit verkauften Heroins kommen aus Afghanistan. In den Feldern hockten Bauern, sie beobachteten uns misstrauisch. Ihre Gesichter waren wie aus Stein. Der Leutnant der Marines sprach einen der Bauern an.

»Haben Sie gewählt?«, fragte er.

Der Dolmetscher übersetzte. Der Bauer schüttelte den Kopf und sagte ein paar Worte.

»Er weiß nicht, was Sie meinen, Sir«, sagte der Dolmetscher.

»Okay, fragen Sie ihn, ob er lesen oder schreiben kann«, sagte der Leutnant.

Wieder schüttelte der Bauer den Kopf. Der Leutnant zog einen Stift hervor und hielt ihn hoch.

»Fragen Sie ihn, ob er weiß, was das ist«, sagte der Leutnant zu seinem Dolmetscher.

»Nein«, sagte der Mann, der in seinem Opiumfeld hockte.

Die meisten Afghanen können weder lesen noch schreiben. Viele von ihnen haben noch nie einen Stift in der Hand gehalten. Sie wissen nichts anzufangen mit dem Konzept einer Wahl. Sie sollen auf einem Zettel, den sie nicht verstehen, einen Namen ankreuzen, von dem sie noch nie gehört haben. Der Zettel soll nach Kabul geschickt werden, in eine Stadt, die in ihrem Leben noch nie von Bedeutung war. Dort sollen die Zettel gezählt werden, aber die meisten Afghanen können nicht rechnen. Wer die meisten Zettel hat, gewinnt, aber die Mehrheit der Afghanen kann sich nicht vorstellen, wie ein Mann mit Zetteln von Kabul aus ihr Dorf regieren soll. Und wählen sollen sie mit einem Instrument, das sie noch nie in der Hand gehalten haben.

»Trotz einiger Probleme verläuft die Wahlvorbereitung, die ja unter afghanischer Gesamtverantwortung steht, insgesamt erfreulich rund«, sagte Franz Josef Jung im frühen August 2009.

In vielen Wahlkreisen im ganzen Land wählten am 20. August 2009 wundersamerweise über 100 Prozent der registrierten Wähler Hamid Karzai – und das, obwohl die dortigen Wahllokale wegen Drohungen der Taliban nicht einmal öffneten. Die gefälschten Geisterstimmen bescherten Karzai eine hauchdünne absolute Mehrheit. Und der damalige Außenminister Frank-Walter Steinmeier sprach schon einen Tag nach der Wahl-Farce von einem »Erfolg demokratischer Tugenden«.

Man kann den beiden braven Parteisoldaten Jung und Steinmeier wahrscheinlich nicht einmal vorwerfen, dass sie ihre Ministerien nicht dazu antrieben, alles zu hinterfragen, was die afghanischen Behörden als faire Wahlen darstellen wollten. Man kann ihnen kaum vorwerfen, dass sie sich mitten im deutschen Wahlkampf nicht mit den Macht- und Herrschaftsstrukturen afghanischer Dörfer beschäftigten. Dass sie nicht an den Bauern dachten, der nicht weiß, was ein Stift ist. Vorhalten kann man ihnen aber, dass sie eine offensichtlich verdorbene Wahl als Ergebnis einer erfolgreichen deutschen Strategie ausgaben.

Lange waren Brunnen das gehegte und geheiligte Symbol der Deutschen für den Wiederaufbau in Afghanistan, für den Dienst an der afghanischen Bevölkerung. Sauberes Wasser für die Menschen – das galt als etwas

Grundgutes, als unzweifelhafter Fortschritt, der höhere Lebensqualität, bessere Ernten und weniger Krankheiten versprach. Mit einem Brunnen konnte man nichts falsch machen. So oft bemühten deutsche Politiker dieses Beispiel, dass die kampferprobten Soldaten irgendwann genervt davon waren, als ewige Brunnenbohrer dazustehen.

»Wir bauen nicht nur Brunnen in Afghanistan«, rief Verteidigungsminister Karl-Theodor zu Guttenberg seinen Soldaten in Kunduz im November 2009 zu – und erntete Applaus für seine klaren Worte. Guttenbergs Vorgänger Franz Josef Jung hingegen hatte gern vom Brunnenbohren erzählt. Und der damalige Außenminister Frank-Walter Steinmeier verkündete im Juni 2008: »Jeder Brunnen ... ist ein kleiner Sieg.« Dabei sind ausgerechnet die Brunnen das beste Beispiel dafür, wie wenig Verteidigungs- und Außenministerium von den komplexen Machtstrukturen in Afghanistan verstehen. Und wie schwer es ist, afghanische Probleme mit deutschem Denken zu lösen.

»In Afghanistan sind die Dinge selten so, wie sie scheinen«, sagte ISAF-Kommandeur Stanley McChrystal im Oktober 2009 bei einer Rede in London. »Wie gut wir es auch meinen – die Ergebnisse unseres Handelns sind oft anders, als wir erwartet hätten. Wir ziehen an einem Hebel, aber es kommt etwas anderes dabei heraus, als wir in unserem Denken gewöhnt sind. Einen Brunnen zu graben klingt zum Beispiel ziemlich einfach. Was könnte falsch daran sein, einen Brunnen zu graben und die Menschen mit frischem Wasser zu versorgen?«

Die Antwort auf seine Frage gab General McChrystal gleich selbst.

»Wo man den Brunnen baut, wer das Wasser kontrolliert und wessen Wasser man da anzapft – all das kann gewaltige Auswirkungen haben und großen Unfrieden stiften. Baut man den Brunnen an der falschen Stelle im Dorf, verschiebt man vielleicht das Machtgefüge in diesem Dorf. Wenn man Grundwasser anzapft, gibt man dem Besitzer des Brunnens Macht, die er vorher nicht hatte, weil das traditionelle Bewässerungssystem vielleicht der ganzen Gemeinde gehörte. Wenn man einen Brunnen gräbt und ihn der einen Gruppe überträgt und nicht der anderen, dann bringt man in seiner Ahnungslosigkeit vielleicht das Gleichgewicht der Macht in diesem Dorf zum Kippen. So schafft man Entzweiung, obwohl man es nur gut meinte und einen Brunnen bauen wollte. Oder man erweckt bei den Menschen den Eindruck, dass man sich auf eine Seite geschlagen hat, und das, obwohl man sie doch bloß mit Wasser versorgen wollte.«

Das Gleichnis vom Streit um den Brunnen könnte für das stehen, was die Deutschen in Afghanistan für ihre Strategie gehalten haben: Tut Gutes. Aber wer in Afghanistan Gutes tut, macht sich mindestens so viele Feinde wie Freunde. Er schafft Fortschritt – und gleichzeitig neue Probleme.

Die Deutschen haben Schulen und Straßen gebaut, sie waren freundlich und respektvoll und haben geholfen. Rund 25 Prozent der Kinder im Norden haben inzwischen Zugang zu Schulbildung. Aber unter den übrigen 75 Prozent gibt es viele Kinder, vor allem Mädchen, die nicht zur Schule gehen *dürfen*, weil ihre Eltern es verbieten. Misstrauisch beäugen diese Afghanen die Deutschen und deren Engagement. Schulen für Mädchen empfinden sie als

radikalen Eingriff in die eigene Kultur. Oft sind es genau
diese Menschen, die den Aufständischen, den Taliban Unterschlupf, Gastrecht, in ihren Häusern gewähren, ihre
Waffen verstecken. Sie kämpfen nicht selbst, aber sie be-
reiten den Boden für den Kampf gegen die deutschen Soldaten. »Die Taliban verschanzen sich hinter unschuldigen
Zivilisten«, ist ein ebenso gängiger wie wahrer Vorwurf
gegen die Extremisten. Aber er verschleiert, dass es in der
Bevölkerung auch viele freiwillige Unterstützer gibt.

Die Straßen im Norden Afghanistans gehören zu den
besten im Land. Große Abschnitte sind so eben asphaltiert
wie deutsche Landstraßen. Die Deutschen haben sich sogar die Mühe gemacht, Schilder mit Geschwindigkeitsbe-
grenzungen aufstellen zu lassen. Kaum jemand beachtet
die Schilder. Die meisten Autos sind so alt, dass sie das
Tempolimit ohnehin nicht überschreiten können. Und die
Fahrer der wenigen neuen Wagen sind oft so mächtig oder
korrupt oder gut vernetzt (oder alles auf einmal), dass sie
sich nicht an die Begrenzung halten müssen. Aber die
Schilder beweisen immerhin, dass die Deutschen gute Ab-
sichten haben. Das viel größere Problem ist jedoch, dass
Straßen in einem gesetzlosen Land wie Afghanistan Kri-
minelle geradezu magisch anziehen. Einfache Räuber,
Mafia-Banden, Schmuggler und Wegelagerer verlangen
Schutzgelder und Zölle.

»Wir beobachten eine Vielzahl von kriminellen Gruppen
mit verschiedenen Anführern, die aus der organisierten
Kriminalität kommen«, sagte uns der deutsche Brigadegeneral Jörg Vollmer, von Januar bis Oktober 2009 ISAF-
Kommandeur im Nordbereich Afghanistans. »Zum Teil
werden sie aus dem Ausland finanziert. Sie wollen verhin-

dern, dass wir hier rechtsstaatliche Ordnung schaffen.
Denn durch unseren Bereich gehen wichtige Straßen nach
Tadschikistan. Darauf werden alle möglichen Dinge bewegt. Drogen von Süden nach Norden, Waffen von Norden nach Süden. Damit machen diese Gruppen ihre Geschäfte. Und die Taliban können sich in dieser Gegend auf
das hier geltende Gastrecht verlassen, sie finden Rück-
zugsräume in der Bevölkerung. Das macht sie so stark.«

Straßen und Schulen allein sind noch keine Strategie.
Man muss sie auch beschützen können. Aber dafür hatte
die Bundeswehr viel zu wenig Soldaten im Land. Gerade
mal 3500 waren es zeitweise im Norden, für ein Gebiet
immerhin halb so groß wie Deutschland. »Wir haben endlich in der NATO das Konzept der vernetzten Sicherheit
durchgesetzt, das militärische Sicherheit und zivilen Aufbau vorsieht«, sagte Franz Josef Jung im Mai 2009 – zu
einem Zeitpunkt, als längst schon amerikanische Spezialeinheiten auf den Straßen im Norden operierten, weil die
Bundeswehr sie nicht mehr verteidigen konnte. Die Bundesregierung hatte zwar das »Konzept der vernetzten
Sicherheit«. Aber zu einer Strategie fehlten die Soldaten,
die für Sicherheit hätten sorgen können. Man freute sich
über die Fortschritte beim Wiederaufbau. Aber die Probleme, die damit zutage traten, wurden ignoriert, vor den
Wählern verheimlicht und weitgehend den Verbündeten
überlassen. Das deutsche Konzept funktionierte nur, solange sich kein Taliban, kein Warlord und kein Drogen-
baron dagegen wehrte.

Im Hauptquartier der ISAF in Kabul sprachen wir mit
hochrangigen deutschen Offizieren über die verschärfte
Lage in Nordafghanistan.

»Eine realistische Sichtweise war in Deutschland lange nicht gewünscht«, sagte einer der Offiziere. »Die Deutschen haben gegenüber den Amerikanern lange so getan, als wäre ihr eigener ›deutscher Weg‹ der Richtige. Als wäre alles, was die Amerikaner im Süden machen, falsch. Aber was wir im Norden gemacht haben, war nur so möglich, weil die richtigen Umstände herrschten. Das dürfen wir nicht vergessen. Wir haben dort unter sehr ruhigen, friedlichen Bedingungen operiert. Das hat sich jetzt geändert, und schon funktionieren unsere Konzepte nicht mehr. Die Taliban haben sehr bewusst entschieden, eine zweite Front im Norden aufzumachen, um uns dort unter Druck zu setzen.«

»Die Killer-Mentalität, die wir Deutschen den Amerikanern jahrelang unterstellt haben, ist ein dummes Vorurteil«, sagte ein anderer Offizier. »Die Amerikaner haben durch ihr Vorgehen sehr viele Taliban im Süden gebunden und getötet. Davon haben wir im Norden enorm profitiert.«

Wer kämpfte, galt besonders der deutschen Politik, aber auch der Spitze der Bundeswehr lange als verdächtig. Beseelt vom »deutschen Weg« und winkenden afghanischen Kindern am Wegesrand, dachte die Bundesregierung nicht daran, dass sich eines Tages jemand ihren Soldaten in den Weg stellen könnte. Von einer »Erfolgsstrategie« sprach Franz Josef Jung. Man hoffte, dass es schon irgendwie klappen würde. Man hoffte auf das Gute.

Eine Begebenheit im deutschen Feldlager Kunduz beschreibt, wie sehr auch die Bundeswehr gefangen war, im friedfertigen Denken der »vernetzten Sicherheit« einerseits, in der Furcht vor den Worten der dunklen deutschen Vergangenheit andererseits.

Ab Anfang 2009 kursierte auch unter deutschen Offizieren ein Buch des amerikanischen Militärs. Das *Counterinsurgency Field Manual* der US Army fasst auf rund 400 Seiten die neuesten Erkenntnisse der Aufstandsbekämpfung zusammen. Geschrieben hat das Buch General David Petraeus, der ehemalige Kommandeur der US-Truppen im Irak. Es handelt von großen Armeen in kleinen Kriegen, vom Kampf gegen fundamentalistische Guerillagruppen. Es handelt von zivilen Projekten, von guter, ehrlicher Regierungsarbeit, von Integration, Aussöhnung und Wiederaufbau. Es handelt aber auch von der gezielten Jagd auf Terroristen und Guerillaführer, von »clear operations«, die man – wenn man will – mit »Säuberungsoperationen« übersetzen kann. »Natürlich kann es notwendig sein, Aufständische gefangen zu nehmen oder zu töten«, heißt es in dem Buch. »Besonders dann, wenn der Aufstand im religiösen oder ideologischen Extremismus wurzelt.«

Zwar ist das *Counterinsurgency Field Manual* eines der besten und klügsten Bücher über die Kriege des 21. Jahrhunderts. Aber solche Sätze las man im Bundesverteidigungsministerium nicht gern. Es ging darin um offensive Jagd auf Taliban. Die deutschen Soldaten durften zu diesem Zeitpunkt jedoch nur auf Aufständische schießen, wenn sie vorher selbst beschossen worden waren. Eine schwer bewaffnete Gruppe von Taliban war erst dann ein legitimes Ziel, wenn sie von sich aus das Feuer eröffnete. So wollte es das Mandat des Deutschen Bundestags. Als ein deutscher Offizier in Kunduz mit dem *Counterinsurgency Field Manual* erwischt wurde, stauchte sein Vorgesetzter ihn zusammen: »Packen Sie das Buch weg. Das ist Partisanenjagd. So was machen wir nicht.«

Inzwischen spricht Minister Guttenberg offen von »Counterinsurgency«, von Aufstandsbekämpfung. Die Bundeswehr folgt heute der Strategie der Amerikaner, die auf dem
Field Manual beruht. Aber über lange Zeit hinweg galt das
Werk als verboten. Und das, obwohl es ein Plädoyer für
zivile Strukturen und zurückhaltendes Vorgehen ist, für
den Schutz der Bevölkerung. Nur beschreibt es eben auch,
wie man militärisch Sicherheit schafft, wie man hart und
entschlossen gegen Aufständische vorgeht – und es macht
aus dem bloßen Glauben an das Gute somit das, was die
Deutschen zu haben viel zu lange nur vorgaben: eine Strategie. »Aufstandsbekämpfung kann in den besten Armeen
das Schlechteste hervorbringen«, warnt das *Field Manual*.
Lange schien es so, als wäre die Führung der Bundeswehr
beim Blättern auf diesen einen Satz gestoßen und hätte das
Buch sogleich erschreckt im Schrank versteckt.

Zeitungen und Magazine in den USA, aber auch in
Deutschland berichteten groß über die Erfolge der »Counterinsurgency«, kurz COIN. Die katastrophale, scheinbar
aussichtslose Lage im Irak verbesserte sich in einem er-
staunlichen Tempo. Auf Sicherheitskongressen und in In-
ternetforen diskutierten Militärs, Diplomaten und Entwicklungshelfer über COIN. Briten erzählten von ihren
Erfahrungen im Nordirland-Konflikt, Franzosen berichteten von Algerien, Amerikaner sprachen über ihre Lehren
aus Vietnam und dem Irak. Die Deutschen blieben seltsam
unbeteiligt. Im Verteidigungsministerium, wo es sonst für
alles Arbeitsgruppen und Referate gibt, gab es keine
Gruppe von Generalen, die eine Doktrin für die neue Art
des Krieges ausarbeitete. Kein Wunder, offiziell gab es ja
nicht mal einen Krieg.

Zusammengefasst: Das Ministerium ignorierte (oder übersah) die wichtigste Entwicklung der jüngeren Militärgeschichte. »Schon 2007 war absehbar, dass sich die Lage in Kunduz rasant verschlechtern würde«, sagte uns ein Offizier aus dem Führungskreis der Bundeswehr. »Man hätte damals militärische Konzepte entwickeln müssen, um gezielt dagegenzusteuern. Aber das war im Ministerium nicht erwünscht. Man wollte davon nichts wissen.«

2007 stieg die Zahl der Sprengstoffanschläge in ganz Afghanistan auf ein neues Rekordniveau. Im April 2008 gab der damalige Generalinspekteur Wolfgang Schneiderhan dem *Focus* ein Interview. Ob sich die Situation wieder entspannen würde, wurde Schneiderhan gefragt.

»Wenn ich die Anschläge dieses Jahres allein im Norden sehe, ob auf uns oder auf Hilfsorganisationen, gibt es keinen Grund zu der Annahme, dass es weniger werden«, antwortete er.

Schneiderhans Worte waren beinahe ein Lehrbeispiel für die Hilf- und Planlosigkeit des Verteidigungsministeriums gegenüber der stetig anschwellenden Gewalt in Afghanistan. Mehr Anschläge seien ein Hinweis darauf, dass es nicht weniger Anschläge geben würde. Kein Wort zu Gegenmaßnahmen, kein Zeichen der Initiative. Abwarten und schauen, wie die Dinge sich entwickeln, schien die Strategie zu sein. Keine Meisterleistung für einen General, aber symptomatisch für die Schreckstarre der deutschen Afghanistan-Planer.

»Ausbaden mussten das am Ende die deutschen Soldaten im Norden«, sagt ein US-General. »Die deutschen Kommandeure vor Ort hatten nicht genug Truppen, um die aufkeimende Gewalt schnell einzudämmen. Das haben einige deutsche Soldaten mit dem Leben bezahlt.«

Inzwischen gibt es so etwas wie eine Strategie. Zumindest fand im Januar 2010 eine internationale Afghanistan-Konferenz in London statt, auf der eine Strategie beschlossen werden sollte. Die wichtigsten Ergebnisse der Konferenz fasst die deutsche Bundesregierung auf ihrer Internetseite zusammen. Dort heißt es: »Die afghanische Regierung verpflichtet sich zu konkreten Verbesserungen bei Regierungsführung und Korruptionsbekämpfung, darunter zum Aufbau unabhängiger Anti-Korruptionsbehörden ... Damit geht die afghanische Regierung deutlich über frühere Ankündigungen hinaus.«

Das Problem an den »früheren Ankündigungen« war, dass die afghanische Regierung sich nie daran gehalten hat. Die neue Strategie besteht nun unter anderem darin, dass man einem notorischen Lügner glaubt, und zwar mit der Begründung, dass er nun endlich mehr verspreche als früher. Präsident Hamid Karzais erste Maßnahme zum »Aufbau unabhängiger Anti-Korruptionsbehörden«: Er erließ kurz nach der Afghanistan-Konferenz ein Gesetz, das es ihm erlaubte, alle fünf Mitglieder der afghanischen Wahlaufsicht zu bestimmen. Die drei internationalen UN-Beobachter in der Kommission feuerte er. Und das, nachdem er sich seine (von deutschen Soldaten bewachte) Wiederwahl durch Wahlfälschung in absurdem Ausmaß gesichert hatte. Wenig später stimmte Karzai zwar unter Druck der Amerikaner zu, wieder zwei unabhängige UN-Mitarbeiter in die Kommission aufzunehmen, doch die sind dort nun in der Minderheit. Zu alledem warf Karzai auch noch der UN vor, die Wahlen

manipuliert zu haben. Nicht gerade Zeichen des Auf-
bruchs.

An Silvester 2009 veranstaltete die US-Luftwaffe einen
Tag der offenen Tür auf dem Militärflughafen von Kandahar im Süden Afghanistans. »Wir luden Schüler aus der
ganzen Stadt ein«, erzählte uns der amerikanische Colonel (Oberst) Marc Nichols zwei Wochen später. »Die Kinder sollten sehen, dass es afghanische Hubschrauber und
afghanische Piloten gibt. Sie sollten sehen, dass Afghanen
mit Amerikanern zusammenarbeiten und sich um ihr eigenes Land kümmern.« Monatelang ging Colonel Nichols
bei Hilfsorganisationen hausieren. Er bat um Rucksäcke
und Schulhefte, um den Kindern am Tag der offenen Tür
eine Freude zu machen. »Die Kinder sind die Zukunft Afghanistans«, sagte er.

Wenige Stunden vor dem Tag der offenen Tür untersagte
der allmächtige Chef der Provinzregierung von Kandahar
allen öffentlichen Schulen, ihre Schüler zu der Veranstaltung zu schicken. Der Name des Mannes: Ahmed Wali
Karzai, Bruder von Präsident Hamid Karzai. In Kandahar,
der Hauptstadt der Taliban-Bewegung, herrscht Karzais
Bruder uneingeschränkt über Milizen, Waffen- und Heroin-
handel. Auch zu den Taliban hat er beste Kontakte. Nichts
geschieht ohne sein Einverständnis. »König von Kandahar« wird er genannt.

Zu Colonel Nichols Tag der offenen Tür auf dem Militärflughafen kamen zwar immerhin noch 200 Kinder. Allerdings nur Schüler der ohnehin privilegierten Privatschu-
len. Von den öffentlichen Schulen, die unter der Kontrolle
von Ahmed Wali Karzai stehen, kam kein einziges Kind.
»Karzai wollte nicht, dass die Kinder aus normalen Fami-

lien sehen, wie wir mit den Afghanen zusammenarbeiten«,
sagte Nichols frustriert. »Er wollte nicht, dass sie den Fortschritt sehen.«

Im April 2010 drohte Karzai offen damit, eine Offensive
der ISAF gegen die Taliban in Kandahar mit seinem Veto
zu verhindern. Offenbar fürchtete er, sein Bruder würde
durch die geplante Militäroperation an Einfluss in der Region verlieren. Die internationalen Truppen, die ihm bis
heute seine Macht sichern, beschimpfte Präsident Karzai
als »Eindringlinge«. Die Taliban nennt Karzai nicht mehr
»Terroristen« oder auch nur »Aufständische«, sondern
»upset brothers« – »aufgebrachte Brüder« …

General Volker Wieker, seit Januar 2010 neuer Generalinspekteur der Bundeswehr und zuvor Chef des Stabes bei
General McChrystal, sieht das unberechenbare Verhalten
des Präsidenten mit wachsendem Misstrauen. »Das Verhalten von Karzai ist in der Tat besorgniserregend. Seine
Äußerungen haben Irritationen ausgelöst. Wenn die Unterstützung seiner Regierung für das ISAF-Mandat fehlt,
untergräbt das einen ganz wesentlichen Teil unserer Strategie.«

Damit die neue Strategie der Bundesregierung Wirkung
zeigt, müssten einige Dinge geschehen: Afghanistan muss
sich ändern, Präsident Hamid Karzai muss sich ändern,
sein korrupter Clan muss sich ändern, die afghanische Polizei muss sich ändern, die afghanische Armee muss sich
ändern, die Bundeswehr muss sich ändern, die Taliban
müssen sich ändern und Afghanistans Nachbar Pakistan,
dessen Geheimdienst die Taliban mit Geld und Waffen
versorgt, muss sich ändern.

Es ist eine Strategie der guten Hoffnung.

Eine »Übergabe in Verantwortung« des Landes an die
Afghanen, so lautet das Ziel der neuen Strategie. Eine
»Abzugsperspektive« für die deutschen Soldaten soll 2013
erkennbar sein – passend zum nächsten Bundestagswahl-
kampf. US-Präsident Barack Obama will die ersten Soldaten bereits 2011 nach Hause holen, pünktlich zum Beginn
seines Kampfes um eine zweite Amtszeit im Weißen Haus.
Man könnte sagen, dass noch einmal Tausende Soldaten,
Deutsche und Amerikaner, in den Kampf ziehen, um das
afghanische Debakel in einen mäßigen Erfolg und somit in
ein halbwegs brauchbares Wahlkampfthema zu verwandeln. Der Satz »Wir holen unsere Soldaten nach Hause«
hätte in Deutschland wie in Amerika eine höchst beruhi-
gende Wirkung auf die Wähler. Deswegen sollen die Afghanen möglichst bald selbst für Sicherheit in ihrem Land
sorgen. Das deutsche Strategiepapier spricht von einer
»Intensivierung der Ausbildung der afghanischen Polizei
und Armee, deren Zielgröße auf 134 000 beziehungsweise
171 600 bis Oktober 2011 festgesetzt wurde«.

Nicht genauer beschrieben ist, was ein Polizist oder ein
Soldat eigentlich ist. Ist man schon Polizist, wenn man eine
Polizeimütze aufhat? Ist man noch Polizist, wenn man an
Straßenkontrollen Schmiergelder verlangt? Ist man schon
Soldat, wenn man ein Gewehr halten kann? Ist man noch
Soldat, wenn man bei einer Razzia ein Wohnhaus plündert,
anstatt Beweise zu sichern? Gut möglich, dass die »Ziel-
größen« bis 2011 erfüllt werden. Nahezu unvorstellbar,
dass Armee und Polizei bis dahin in einem halbwegs ein-
satzfähigen Zustand sind.

Im Januar 2010 standen wir auf einer der Hauptstraßen
Kabuls im Stau. Langsam kroch der Verkehr auf einen

Kreisverkehr zu. Motorräder schlängelten sich zwischen den Autos entlang, ein Eselskarren, dem ein Rad fehlte, stand quer und verkeilt auf der Straße. An der Zufahrt zum Kreisverkehr standen drei afghanische Verkehrspolizisten. Sie standen so nah beieinander, als wären sie aneinandergefesselt. Die drei Männer trugen alte, in Deutschland ausrangierte Kellen. Mit diesen fuchtelten sie in verschiedene Richtungen, schlugen wahllos auf Motorhauben ein, sie schlugen sich die Kellen von Zeit zu Zeit sogar gegenseitig weg wie bei einem Fechtduell und traten gegen Reifen. Als ein Autofahrer sich aus dem Seitenfenster lehnte, um das Chaos zu begutachten, verpasste einer der Polizisten ihm eine Ohrfeige. Der Kreisverkehr hatte drei Zufahrten. Möglich, dass eigentlich jeder der Polizisten an je einer Zufahrt den Verkehr hätte regeln sollen. Möglich, dass sie sich entschlossen hatten, lieber dicht beisammen zu bleiben. Vielleicht fanden sie es so auch einfach geselliger. Auf jeden Fall gaben sie nach acht Jahren internationaler Polizeiausbildung ein trauriges Bild ab.

»Unsere Polizisten sind korrupt und brutal«, erzählte unser Dolmetscher, der in Deutschland studiert hatte und ein großer Bewunderer deutscher Ordnung war. »Deswegen versuchen wir, so schnell wie möglich an ihnen vorbei zu kommen. Selbst wenn sie an einer vollen Kreuzung stehen.«

Die Ausbildung der afghanischen Polizei (unter deutscher Leitung) ist eine erschütternde Geschichte des Scheiterns. Richard Holbrooke, Afghanistan-Beauftragter der US-Regierung, schätzt, dass 90 Prozent der Polizisten Analphabeten sind. »Das geht so nicht weiter«, sagte er im März 2010. »Ein Polizist muss einen Ausweis lesen können. Die Polizei ist eine mangelhafte Organisation, die von Korruption durchsetzt ist.«

Auch die Ausbilder waren nicht immer erste Wahl. Legendär unter deutschen Beamten, die in Afghanistan Polizisten ausbilden sollten, ist eine Geschichte, die sich im März 2008 ereignete. Der deutsche Chef des internationalen Ausbildungsprogramms EUPOL (European Union Police Mission) vernahm an jenem Tag Schüsse in der Ferne und vermutete einen kurz bevorstehenden Angriff auf sein Polizeicamp. Er schickte seine gesamte Mannschaft in den Bunker und ging anschließend ganz allein auf einem Dach in Stellung, hochgerüstet mit einem kleinen Waffenarsenal und ausreichend Munition. Als einsamer Kämpfer wollte er den Angriff der Taliban zurückschlagen. Aber der Angriff kam nicht. Denn bei den Schüssen handelte es sich um die Übung für eine Militärparade.

Auf allen Ebenen und in allen Provinzen des Landes ist die Polizei durchsetzt mit Spionen der Taliban. Versteckte Sprengsätze töten immer wieder ISAF-Soldaten in auffälliger Nähe zu Polizei-Checkpoints. Wenn ISAF-Truppen Waffenlager der Aufständischen ausheben, entdecken sie regelmäßig Munition, die an die Polizei ausgegeben worden war. »Die Munition und Granaten, die von Polizisten verkauft werden, sind billiger und besser als die Sachen, die es auf den lokalen Märkten gibt«, erzählte Saleh Mohammed, Taliban-Kommandeur in der Provinz Helmand, dem US-Magazin *Newsweek*. Titel der Geschichte über die afghanische Polizei: »The Gang Who Couldn't Shoot Straight«.

Ein hoher zweistelliger Prozentsatz der afghanischen Polizisten – bis zu 80 Prozent vermuten manche Ausbil-

der – raucht entweder regelmäßig Haschisch oder ist
heroinabhängig. Zwar tragen die Polizisten meist Kalaschnikows, aber die meisten von ihnen sind grauenvoll
schlechte Schützen. Rund 2000 Polizisten starben seit
Januar 2007 im Dienst – über die Hälfte davon bei Schieß-
und Autounfällen. 60 bis 70 Prozent der Polizeirekruten
desertieren innerhalb der ersten Monate ihres Dienstes.
»Das sind arbeitslose Jugendliche ohne Ausbildung und
ohne Perspektive«, sagt Polizeioberst Mohammad Baba-
karkhil, stellvertretender Polizeichef in der Hauptstadt
Kabul. Die afghanische Polizei nimmt jeden, der sich be-
wirbt.

Die Afghanen fürchten und verachten ihre Polizei. Anfang 2010 eroberten US Marines die Taliban-Hochburg
Marjah in der südlichen Provinz Helmand. »Wir unterstützen euch«, teilte der Ältestenrat der Stadt Marine-Oberst
Randall Newman mit. »Aber wenn ihr die Polizei hier rein-
bringt, werden wir euch bis zum Tod bekämpfen.«

Der Job des lokalen Polizeichefs einer kleinen Gemeinde
kostet in Afghanistan circa 30 000 Dollar Bestechungs-
gelder. Eine Summe, die viele Clans gern investieren, um
einen der ihren auf einen so machtvollen Posten zu befördern. Wer erst einmal Polizeichef ist, kann relativ unbehelligt eine kleine Privatarmee aufbauen, Mitglieder seiner Familie als Polizisten einstellen, Schutzgelder und
Wegzölle kassieren. Und der Staat versorgt ihn auch noch
mit Waffen und Munition.

Offiziell gibt es in Afghanistan rund 90 000 Polizisten.
Wie viele davon wirklich jeden Tag zur Arbeit erscheinen,
in erster Linie dem Rechtstaat und der Sicherheit ihres
Landes dienen wollen, ist kaum zu sagen. Auf jeden Fall

wird ihr Anteil verschwindend gering sein. Aber selbst die wenigen, die ihr Leben wirklich für ein neues Afghanistan riskieren, können die Kriminellen keiner handlungsfähigen Justiz übergeben. »Der Aufbau der afghanischen Sicherheitskräfte führt zwangsläufig ins Leere, wenn festgenommene Kriminelle oder Aufständische wieder freikommen, weil Staatsanwaltschaft und Gerichte nicht funktionieren«, heißt es in einem geheimen Papier der Bundeswehr von 2009.

Nach dem Sturz der Taliban sollte in Afghanistan ein neues Rechts- und Gerichtssystem entstehen – ausgerechnet unter der Führung Italiens. Vielleicht keine besonders glückliche Entscheidung, denn Italien hat eines der marodesten Rechtssysteme Europas, berüchtigt für Korruption und Verschleppung. Ein Zivilverfahren dauert in der ersten Instanz im Schnitt vier Jahre. Der oberste Gerichtshof fällt im Schnitt jedes Jahr 150 Urteile, die eigenen früheren Urteilen widersprechen. Juristen nennen Italien einen »Torpedo-Staat«, weil die lange Verfahrensdauer jeden Rechtsstreit torpediert. Ein Mitarbeiter des US-Außenministeriums in Kabul fasste die Situation für uns so zusammen: »Giovanni erklärt Ramatullah, dass vor dem Gesetz alle gleich sind. Denken Sie sich einfach den Rest.«

Nach acht Jahren voller schlechter Erfahrungen haben viele Afghanen das Vertrauen in die staatliche Justiz vollends verloren. Stattdessen wenden sie sich Schattenrichtern zu, die häufig von den Taliban eingesetzt sind. Auch in den nördlichen Provinzen unter deutschem Kommando gibt es inzwischen solche Schattenrichter. Die Afghanen kommen mit alltäglichen Streitigkeiten, aber auch schweren Verbrechen zu ihnen. Die Schattenrichter entscheiden nach den Gesetzen des Korans über die Fälle, von Diebstahl bis Mord. Zwar sind ihre Urteile oft hart und brutal, aber sie entscheiden schnell und gelten als (relativ) unbestechlich.

»Wenn die Menschen ein Problem haben, gehen sie nicht mehr zu den Regierungsbehörden«, sagt Moeen Marastial, Parlamentsmitglied in Kunduz. »Sie gehen nicht zur Polizei. Sie gehen zu den Taliban, und die Taliban entscheiden. Ohne Akten und ohne Papierkram.« Abdul Ghayour, Vorsitzender eines Kreisparlaments in der Provinz Kunduz, fügt hinzu: »Die Taliban sind sehr gerecht, wenn sie Streitigkeiten lösen. Sie stellen beide Seiten zufrieden. Wenn es ein sehr, sehr ernster Fall ist, erledigen sie das innerhalb einer Stunde, ohne Zeit zu verschwenden.«

Die Menschen sind bereit, diese traditionelle, gleichwohl altertümliche und brutale Justiz zu akzeptieren, weil sie nicht so korrupt ist wie die der staatlichen Gerichte.

»Einmal kamen wir in ein Dorf«, erzählte uns Samuel Moore, Leutnant der US Marines, Anfang 2010. »Da war ein Typ, der uns total durchgeknallt vorkam. Wir dachten erst, der gehört zu den Aufständischen. Aber dann haben uns die Leute im Dorf erzählt, dass er einfach verrückt ist. Er hatte einen seiner Söhne im Fluss ertränkt. Die Leute haben ihn dann zu einem ihrer Richter geschleppt. Der Richter hat entschieden, dass er zur Strafe an Händen und Füßen zusammengebunden wird und ein Jahr lang in einem dunklen Raum liegen muss. Kein Wunder, dass der nicht mehr ganz klar war im Kopf. Aber so ist das hier. Die Richter denken sich so eine Strafe aus, und die Leute sind froh, dass eine Respektsperson zügig und klar entschieden hat. Dann kann das Leben weitergehen.«

Ähnlich desaströs ist der Zustand der afghanischen Armee. Auch bei den Soldaten gehören Drogenmissbrauch, Korruption und willkürliche Gewalt gegen Zivilisten zum Alltag. Admiral Gregory Smith, Kommunikationsdirektor der ISAF, schätzt den Anteil der afghanischen Soldaten, die Drogen nehmen, auf zwischen zehn und 20 Prozent. Tatsächlich dürften die Zahlen deutlich höher liegen. Verlässliche Tests für alle Soldaten gibt es nicht, Haschischkonsum gehört in vielen Teilen Afghanistans zur Tradition.

Zurzeit gibt es offiziell rund 100 000 afghanische Soldaten. Bis Oktober 2011, so das Ziel der ISAF-Mission, sollen es 171 600 Mann sein. Doch wie viele der derzeit 100 000 Soldaten einsatzfähig, nüchtern oder halbwegs diszipliniert sind, weiß niemand, vermutlich nicht einmal das Hauptquartier der ISAF. Die Rate von Afghanen, die desertieren, liegt irgendwo zwischen 15 und 25 Prozent. Es gibt in Afghanistan nicht einmal eine Gesetzesgrundlage, um Deserteure zu bestrafen. »Wir können nicht zu denen sagen: ›Du hast hier einen Zwei-Jahres-Vertrag unterschrieben, du kannst dich jetzt nicht einfach vom Acker machen‹«, erzählt ein ranghoher Soldat. »Da hat anfangs keiner dran gedacht, solche Gesetze zu schaffen.«

Auffällig ist auch, dass die (meist amerikanischen) Ausbilder der afghanischen Soldaten fast einhellig Horrorgeschichten erzählen, die nur wenig mit den Planspielen der Politik zu tun haben. Fragt man amerikanische, britische oder deutsche Soldaten, ob die Afghanen in den nächsten zehn Jahren für ihr Land sorgen können, ist die Antwort fast immer dieselbe: »Nein.«

»Die häufigste Todesursache in Afghanistan«, scherzen US-Soldaten, »sind versteckte Sprengsätze und Minen.

Die zweithäufigste ist Selbstmord aus Verzweiflung über die afghanische Armee.«

Ein deutscher Hauptfeldwebel in Kunduz erzählte uns im Frühling 2010 von den afghanischen Soldaten, mit denen er auf Patrouille ging, um sie auszubilden für den Kampf um ihr eigenes Land. »Ich traue keinem von denen«, sagte er. »Ich habe noch nie gute Erfahrungen mit denen gemacht. Ich kann nicht mit jemandem zusammenarbeiten, wenn ich ihm nicht vertraue. Wenn wir eine gemeinsame Operation planen, und es soll um 8 Uhr morgens losgehen, sind meine Leute Punkt acht angetreten. Von den Afghanen ist um elf immer noch keiner da.« Undiszipliniert und unzuverlässig seien die afghanischen Soldaten, so sein Urteil. Eine Bedrohung für die deutschen Soldaten. »Wenn bei uns eine Waffe klemmt«, erzählte der Hauptfeldwebel, »dann entladen wir sie erst und versuchen anschließend, das Problem zu beheben. Bei den Afghanen habe ich erlebt, wie die ihre geladene Kalaschnikow wild gegen einen Baum geschlagen haben, obwohl links und rechts von ihnen andere Soldaten standen. Das glaubt einem keiner.«

Als US Marines im Januar 2010 die Taliban-Hochburg Marjah in der Provinz Helmand einnahmen, brachten sie afghanische Soldaten mit sich. Die Afghanen sollten das Vertrauen der Einheimischen gewinnen und zeigen, dass sie in ihrem eigenen Land Verantwortung übernehmen konnten. Das war der Plan. Für die Offensive hatte man eigens die vermeintlich bestausgebildeten Soldaten der afghanischen Armee aus dem ganzen Land eingeflogen. Doch anstatt das Vertrauen ihrer Mitbürger zu gewinnen, plünderten die afghanischen Soldaten alle 84 Geschäfte des lokalen Marktes. Ein Leutnant der Marines, der bei der Offensive in Marjah dabei war, schrieb uns eine E-Mail: »Those guys are such a fuck-up – it's beyond words.«

Ein anderer US-Soldat fasste seine Ausbildungserfolge bei der afghanischen Armee so zusammen: »Du erklärst ihnen alles zehn Mal. Du sagst ihnen, dass die Hütte, in der sie wohnen, um Punkt 9 Uhr bombardiert wird. Um eine Minute vor neun gehst du in die Hütte, und sie sitzen alle da und trinken Tee.«

Eine »Übergabe in Verantwortung« an die afghanischen Sicherheitskräfte, so wie es im deutschen Strategiepapier heißt, klingt für die meisten Afghanen eher wie eine Drohung. Für sie ist die Polizei kein Symbol von Rechtsstaatlichkeit, sondern von Gewalt, Feigheit und Korruption. Die Armee steht nicht für die Unabhängigkeit des Landes, sondern für Gesetzlosigkeit auf den Straßen.

Diesen (berechtigten) dunklen Ruf sollen deutsche Soldaten und Polizeiausbilder jetzt zu vertreiben versuchen. In einem letzten Kraftakt sollen sie aus einem hoffnungslosen Haufen anständige Polizisten und Soldaten formen. Eine nahezu aussichtslose Aufgabe. Denn für das größte Problem des Landes gibt es nicht mal ansatzweise eine Lösung.

Afghanistan ist ein Drogenstaat. Opium und Heroin sind die einzigen Exportprodukte. Geschätzte 300 Millionen Dollar verdienen allein die Taliban jedes Jahr mit Anbau, Schmuggel und Verkauf. Opium ist das Haupteinkommen der meisten Bauern im Süden. Ein Hektar Mohn bringt einem Bauern rund 3000 Dollar, ein Hektar Weizen 250 Dollar. Afghanistan versorgt 95 Prozent des Weltmarktes mit den Drogen. Das heißt, dass jeder deutsche Junkie die

Taliban und afghanischen Drogenbosse finanziert, wenn er sich am Hauptbahnhof in Frankfurt, am Kottbusser Tor in Berlin, im Hamburger Schanzenpark ein Gramm Heroin kauft. Und solange die Politik dieses Problem nicht an den deutschen Hauptbahnhöfen bekämpfen kann, wird sie auch keine Lösung am Hindukusch finden. Es bringt nichts, die Taliban mit schweren Waffen zu jagen, während man den Kleindealer in Frankfurt laufen lässt.

»In unserem Bereich gibt es so gut wie keinen Opium-Anbau, mit dem sich die Aufständischen finanzieren«, erzählte uns Brigadegeneral Jörg Vollmer, damals Befehlshaber im Regionalkommando Nord, im Mai 2009. »Nur 0,6 Prozent des gesamten afghanischen Opiums kommen aus dem Norden.« Das stimmt zwar, aber große Teile des Opiums werden durch den Norden ins Ausland geschmuggelt. Und im Drogengeschäft sind die Schmuggelrouten mindestens genauso wichtig wie die Anbaufelder. Nicht nur hat die Bundeswehr kein Mandat, um gegen Drogentransporte vorzugehen. Deutsche (und internationale) Soldaten haben sich in den letzten Jahren bewusst von den Schmugglern ferngehalten, um nicht auch noch die mächtige und skrupellose organisierte Kriminalität im Land gegen sich aufzubringen. Es gab nie eine funktionierende deutsche Strategie gegen die Allmacht des Opiums, und es gibt sie bis heute nicht.

Es ist unklar, wie man in einem Staat, der von Drogen-Dollars beherrscht wird, funktionierende, staatstreue Sicherheitskräfte aufbauen soll. Drogenanbau ist ein nahezu unheilbares Geschwür. Keiner der großen Drogenanbau- und Schmuggelstaaten der Welt (Kolumbien, Thailand, Mexiko) hat effektive Polizeikräfte, die in der Gesellschaft ein gewisses Ansehen genießen. Und es ist ebenfalls unklar, wie man das Heroin-Angebot in Afghanistan regulieren will, wenn man nicht einmal die Heroin-Nachfrage im eigenen Land bekämpfen kann. Im deutschen Strategiepapier kommt dieses Thema so gut wie gar nicht vor. Es wird am Ende an den deutschen Soldaten und Polizisten hängen bleiben, sich darum zu kümmern.

Im Januar 2010 interviewten wir ISAF-Kommandeur Stanley McChrystal in seinem Hauptquartier in Kabul. General McChrystal ist einen eindrucksvollen Weg gegangen, vom geheimsten Krieger der USA zum derzeit berühmtesten General der Welt. Er war Kommandeur der amerikanischen Spezialkräfte, Chef eines Kommandos, das offiziell jahrelang gar nicht existierte. Seine Leute fingen Saddam Hussein und töteten Musab Al-Zarqawi, den berüchtigten Anführer von al-Qaida im Irak. McChrystal war der erfolgreichste Terroristenjäger der amerikanischen Streitkräfte.

»Er gibt es nicht gern zu, aber er kann sich in sie hineinfühlen. Er hat ein Gespür für die Vorgehensweise der bösen Jungs«, sagte uns einer seiner engsten Vertrauten. »Er kann sich auf ein Land, auf eine Kultur, auf Bräuche und Sitten einlassen, sie lesen und interpretieren.«

McChrystal erforschte das Denken von Amerikas Feinden. Er ahnte ihre Schritte voraus, spürte sie auf und ließ sie töten. Sein asketischer Lebensstil ist legendär unter seinen Soldaten. Er isst nur eine Mahlzeit am Tag, läuft jeden Morgen 15 Kilometer und mag Holzbänke lieber als Sessel, weil sie davor schützen, träge und bequem zu werden. Ein hagerer Mann mit blassen Augen und sanfter Stimme. Man kann davon ausgehen, dass er kein Mitleid mit seinen Feinden hat. Aber er wirkt wie jemand, der seine Feinde respektiert, der ihre Intelligenz nicht unterschätzt, und wahrscheinlich macht ihn das für sie so gefährlich.

»Wenn man mit ihm über einen Markt in Helmand geht, dann bewegt er sich nach ein paar Minuten so wie die Afghanen«, sagt einer seiner Mitarbeiter. »Wenn er einen Bart und ihre Kleidung tragen würde, würde er nicht auffallen.«

Fünf Telefone stehen auf seinem Schreibtisch, darüber hängen zwei Karten von Afghanistan. Sein Land, seine Mission. McChrystals Vater war ebenfalls General. Er war in Vietnam und erlebte die bitterste Niederlage der USA. Der Sohn will nun zeigen, dass Amerika aus den Fehlern des Vietnamkrieges gelernt hat. Er will beweisen, dass Amerika Krieg führen und gleichzeitig die Bevölkerung für sich gewinnen kann.

Es wurde viel darüber geschrieben, dass ausgerechnet der ehemalige Chef eines Killerkommandos nun diesen »sanften Krieg« führen soll. Dabei ist das kein Widerspruch. Denn es geht in McChrystals Strategie nicht darum, weniger zu töten. Es geht vielmehr darum, lautloser, gezielter zu töten. Im richtigen Moment zu töten. So zu töten, dass dabei kein Zivilist von einer Bombe zerrissen wird. So zu töten, dass ein Zivilist es im besten Fall nicht einmal sieht. »Die Aufständischen von der Bevölkerung trennen«, ist einer der zentralen Sätze in McChrystals Strategie. Um die Aufständischen dann möglichst unbemerkt zu erledigen, müsste der Nachsatz eigentlich heißen.

Viele deutsche Politiker lobten McChrystals Strategie als ein »Einschwenken« auf den deutschen Kurs, als eine Art

Besinnung auf das, was die Deutschen seit Jahren predigen. Dabei ignorierten sie, dass das Konzept des amerikanischen Generals etwas enthält, womit sich die Bundeswehr sehr schwertut, wofür sie nach Ansicht vieler nicht einmal ein Mandat hat: Feinde erkennen, aufspüren und gezielt töten. Barack Obama übertrug McChrystal das Kommando für Afghanistan nicht nur, weil er ein brillantes Verständnis für die komplexen Strukturen des Landes hat. Sondern auch, weil er das Handwerk des Tötens beherrscht wie kein anderer.

An diesem Tag im Januar sprachen wir mit General McChrystal über die deutschen Truppen im Norden, über die düstere Situation in Kunduz. Die Taliban hätten die Zustände dort genutzt, um sich auszubreiten, sagte McChrystal. »Sie wollen den Eindruck vermitteln, dass ihre Bewegung im ganzen Land aktiv sein kann.« Auch die Deutschen müssten in Zukunft »mehr Risiken« bei ihren Operationen eingehen, so der General. »Den Aufständischen geht es darum, die Sicherheitskräfte von der Bevölkerung zu trennen. Zum Beispiel, indem sie eine Situation schaffen, die so gefährlich ist, dass die Sicherheitskräfte in ihren Feldlagern bleiben, ihre gepanzerten Fahrzeuge nicht mehr verlassen, keinen Kontakt mehr zur Bevölkerung haben. Dann mögen die Sicherheitskräfte vielleicht noch in einer Region vor Ort sein – aber sie sind irrelevant. Wenn die Aufständischen das schaffen, haben sie ihre Mission erfüllt.«

McChrystal drückte sich noch sehr diplomatisch aus. Aber es war klar, was er meinte. Die Bundeswehr hatte den Kontakt zur Bevölkerung verloren. Kunduz stand unter der Kontrolle der Taliban. Die Aufständischen konnten sich in der Krisenprovinz beinahe ungehindert bewegen, Hinterhalte und Anschläge planen, Menschen bedrohen, foltern, drangsalieren. Das Feldlager verließen die Deutschen nur noch in großen, schwer gepanzerten Konvois, was Gespräche und enge Kontakte mit den Einheimischen extrem erschwerte. Ein deutscher General in Kabul sprach gar von »Bunkermentalität« bei der Bundeswehr. Das war freilich nicht die Schuld der Kommandeure in Kunduz und schon gar nicht die Schuld der Soldaten. Sie folgten nur einem Befehl, den Franz Josef Jung persönlich erlassen hatte: keine deutsche Patrouille in Kunduz ohne gepanzerte Fahrzeuge.

McChrystal forderte, dass auch die Bundeswehr in Zukunft häufiger zu Fuß patrouillieren sollte. Dass deutsche Soldaten nicht mehr in großen, gut gesicherten Feldlagern wohnen sollten, sondern gemeinsam mit afghanischen Soldaten in kleinen Außenposten inmitten der afghanischen Bevölkerung, in Häusern in den Städten oder in Gehöften auf dem Land.

Mittelfristig soll diese Strategie die deutschen Soldaten sicherer machen. Durch engen Kontakt zu den Afghanen, so die Idee, würden sie an bessere Informationen über geplante Anschläge und Hinterhalte gelangen. Sie sollen die Aufständischen schwächen, indem sie durch Nähe und Präsenz das Vertrauen der Bevölkerung gewinnen. Kurzfristig aber birgt diese Strategie mehr Risiken, denn die deutschen Soldaten müssten raus aus ihren Festungen, auf die Straße, in die Dörfer, zu den Menschen. Im Irak hatten die Amerikaner mit dieser Art der »Counterinsurgency« Erfolg, allerdings erst nach einigen Monaten mit schwersten Verlusten. Das sind die Risiken, vor denen sich die deutsche Politik scheut. Denn sie mögen zwar sinnvoll für die Entwicklung in Afghanistan sein, nicht aber für die Unterstützung der deutschen Wähler.

Die teils wütenden Reaktionen in Deutschland auf die Forderungen McChrystals offenbaren, wie weit die deutsche Strategie und die internationale Strategie der ISAF auseinander liegen. Die Deutschen würden schon genug Risiken eingehen, erklärten viele Politiker. Und der Bundeswehrverband forderte gar, sich der Direktive des ISAF-Kommandeurs zu widersetzen: »Nichts gegen eine weitere Zuwendung zur afghanischen Bevölkerung – aber wir haben da eine erfolgreiche nationale Strategie. Einem derart unausgegorenen Vorgehen sollten wir uns nicht unterordnen. Das ist auch den deutschen Soldaten nicht zuzumuten«, sagte der Sprecher des Bundeswehrverbandes. »Eine zusätzliche Gefahr sehe ich in der schwachen Disziplin der afghanischen Armee – immer wieder lassen sich Soldaten von uns ausbilden und laufen anschließend zu den Taliban über.«

SPD-Chef Sigmar Gabriel gab die Linie seiner Partei vor: »Wir wollen auf gar keinen Fall zusätzliche Kampftruppen haben, wir wollen die Ausbildung verstärken.« Auch er übersah (oder verschwieg), dass Ausbilder für die afghanische Armee und »Kampftruppen« nach der ISAF-Strategie nahezu identisch sein würden. Die NATO-Truppen sollen die Afghanen im Feld ausbilden, gemeinsam mit afghanischen Soldaten patrouillieren, leben – und gegen die Taliban kämpfen. Aber »Ausbilder« klang natürlich besser. Es klang weniger nach Krieg.

»Die Deutschen haben die amerikanische Strategie einfach nicht verstanden«, sagt General Egon Ramms. Ramms ist Kommandeur des »Allied Joint Force Command« der NATO im niederländischen Brunssum und damit der Vorgesetzte von General McChrystal. »Wir machen in Deutschland immer noch einen Unterschied zwischen zivilem Wiederaufbau und einer verstärkten Militärpräsenz. Das ist falsch. Beides gehört zusammen.«

Offenbar wollen viele deutsche Politiker die Strategie der ISAF und die damit verbundenen Risiken auch gar nicht so genau verstehen. Der Verteidigungsausschuss des Bundestags hat Ramms, immerhin Chef des gesamten ISAF-Einsatzes, kein einziges Mal zum Vortrag eingeladen. Der ehemalige Verteidigungsminister Franz Josef Jung empfing den deutschen NATO-Kommandeur in vier Jahren genau ein Mal.

Am 26. Februar 2010 beschloss der Bundestag, bis zu 850 weitere deutsche Soldaten nach Nordafghanistan zu schicken. Auf 2500 hatte die NATO gehofft, mit 1500 Soldaten hatte General McChrystal gerechnet. Im ISAF-Hauptquartier in Kabul war man schwer enttäuscht, aber für mehr Truppen hätte es in Deutschland keine breite politische Mehrheit gegeben, vielleicht nicht einmal eine Mehrheit in der schwarz-gelben Regierungskoalition.

»Wenn wir so weitermachen, sind wir das Regionalkommando Nord ganz schnell los«, sagt Ramms. Das wäre ein schwerer Schlag für das ohnehin angekratzte Ansehen der Deutschen in der NATO. Unter den Verbündeten hat die Bundeswehr inzwischen den Ruf, nicht energisch genug gegen die Taliban vorzugehen, sondern sich lieber zu verschanzen. »Früher hieß es bei der Bundeswehr ›Wirkung vor Deckung‹«, so General Ramms. »Heute heißt es ›Deckung vor Wirkung‹.«

General McChrystal entschied bereits Anfang 2010, fast 5000 US-Soldaten und rund 70 Hubschrauber nach Nordafghanistan zu schicken. Offiziell sollen sie dem deutschen Kommandeur im Norden unterstellt werden. »Sie sollen die Deutschen nicht ersetzen, sondern vielmehr ergänzen und unterstützen«, so McChrystal. »Wir wollen damit auch zeigen, wie wichtig uns der Norden ist.«

Tatsächlich haben die Deutschen die Kommandohoheit im Norden damit verloren. Seit Anfang 2010 finden immer wieder große Operationen der US-Truppen im Raum Kunduz statt – ohne deutsche Beteiligung. »Die Amerikaner bringen wahrscheinlich einen Zwei-Sterne-General mit in den Norden«, sagt ein deutscher Offizier im ISAF-Hauptquartier. »Der wird sich ganz sicher nicht von einem deutschen General sagen lassen, wie er seine amerikanischen Soldaten einsetzen soll.«

Was Franz Josef Jung einst eine »Erfolgsstrategie« nannte, hat in Nordafghanistan erst zum Erstarken der Taliban und anschließend zur Entmachtung der Deutschen geführt. Eine ernüchternde Bilanz.

Die Strategie der Deutschen war nie eine. Sie war ein Konzept für gute Zeiten, in denen der Widerstand minimal war, in denen deutsche Soldaten das ruhige Kunduz nur »Bad Kunduz« nannten, in denen die Afghanen den Deutschen zuwinkten. Politiker aller Parteien berauschten sich so sehr an den – durchaus zahlreichen – Erfolgen beim zivilen Wiederaufbau, dass sie die größte Gefahr übersahen: In Afghanistan entscheiden die Taliban selbst, wann, wo und gegen wen sie kämpfen. Aber in den Mandaten, die der Bundestag Jahr für Jahr erneuerte, kam dieser Ernstfall nicht vor.

Als die schlechten Zeiten anbrachen, irgendwann im
Jahr 2007, als die Taliban sich entschieden, gegen die
Deutschen zu kämpfen, sie in Kunduz regelrecht zu jagen,
blieb von der vermeintlichen Strategie nur noch ein Wort
übrig: Durchhalten.

ICH WAR NOCH NIE TOT

Sägespäne liegen auf dem Boden der Kneipe, und an der Bar sitzen bullige Männer, die Jacken der New Yorker Feuerwehr tragen. Es ist gegen Mittag, aber kein Licht fällt in die Kneipe, es könnte jede Tageszeit sein – die Männer trinken Bier aus der Flasche.

Es ist der 11. September 2002, der erste Jahrestag der Terroranschläge von New York. In dieser Bar in Downtown Manhattan, ganz nah bei Ground Zero, haben sich die Veteranen dieses Tages versammelt. Feuerwehrmänner und Polizisten, in dieser Stadt als Helden verehrt. Bei jeder neuen Runde stoßen sie auf einen der Männer an, die sie ein Jahr zuvor im World Trade Center verloren haben. Cheers to Mike, cheers to George, cheers to Vince.

Ein Fernseher läuft über dem Tresen. Darauf flackern die Bilder von der Gedenkzeremonie in Dauerschleife. Irgendwann zeigt der Sender ein Bild des lächelnden Osama bin Laden, wie er scheinbar milde und mit erhobenem Zeigefinger in die Kamera blickt. Die Feuerwehrleute und Polizisten verfallen schlagartig in ein wütendes

Pfeifkonzert. Ihr Pfeifen wird zu einem Sprechchor:
»Nuke 'em all! Nuke 'em all!«

* * *

Sieben Jahre später sitzen wir mit dem deutschen Hauptgefreiten Sebastian S. im Schutz eines gepanzerten Fahrzeugs, irgendwo in den Hügeln im Norden von Kunduz.
Es ist ein schöner, dunstiger Sommermorgen kurz nach
Sonnenaufgang. Noch ist es angenehm kühl. Der Hauptgefreite Sebastian S. ist 20 Jahre alt. Am 11. September
war er zwölf. Er sagt, er könne sich nicht wirklich an diesen Tag erinnern.

Wenn er hier sterben würde, in Afghanistan, wüsste er
dann, wofür?

»Nee, nicht wirklich«, sagt der Hauptgefreite. »Meine
Familie fragt mich auch immer so was. Ob ich mich mit
dem Tod mal beschäftigt habe und so. Ich sag dann immer,
ich war doch noch nie tot, wie soll ich mich dann damit
beschäftigt haben?«

»Du bist ein richtiger kleiner Philosoph«, sagt ein anderer Soldat zu dem Hauptgefreiten. »Echt, ein verdammter
Philosoph. Weißt Du das eigentlich?«

»Was glaubt Ihr, wie Ihr eines Tages auf diese Zeit zu-
rückblicken werdet?«, fragen wir die Soldaten.

»In 15 Jahren, wenn ich schon längst raus bin aus der
Bundeswehr, wird das hier wahrscheinlich noch alles genauso aussehen«, antwortet der Hauptgefreite Patrick E.
»Dann werde ich mich wahrscheinlich schon fragen, warum ich überhaupt hier war.« Patrick E. ist 22 Jahre alt, am
11. September war er 14. »Ich erinnere mich nicht mehr

genau daran«, sagt er. »Ich weiß nur, dass ich Schiss gehabt habe. Ich weiß nicht mehr genau, wovor eigentlich.
Aber ich hatte Schiss.«

Viele solcher Jungs treffen wir noch in den folgenden
Monaten in Afghanistan. Deutsche, Briten, Amerikaner.
Adam Peak, Lance Corporal der US Marines, war am
11. September 16 Jahre alt. Wir gehen mit ihm auf Patrouille in Helmand. Er schreibt seine E-Mail-Adresse in
unser Notizbuch und bittet uns, ihm den Artikel zu schicken und Fotos von ihm für seine Familie. Seine Hand-
schrift ist seltsam kindlich, ungelenke Druckbuchstaben.
Eine Woche später ist er tot, zerrissen von einem Sprengsatz.

Lance Corporal Anthony Livoti war am 11. September
zwölf. Auf *Facebook* schreibt er: »Haben einen Monat
lang gekämpft. Habe jetzt Pause und chille ein paar Tage.«
Als der Krieg ausbrach, in dem er jetzt kämpft, gab es
Facebook noch nicht. Es war eine andere Generation.

Der deutsche Stabsunteroffizier Andreas L. war 14, als
die beiden Türme einstürzten. »Die meisten Leute in
Deutschland sagen doch, Afghanistan, selber schuld, wer
dahin geht. Ich sage mir jeden Tag, wieder 110 Euro Zu-
lage. Fünf Zwanziger, ein Zehner. So seh ich das.«

* * *

In der Kneipe nahe Ground Zero, ein Jahr nach dem
11. September, unterhalten wir uns mit den Feuerwehr-
leuten und Polizisten. Sie wollen Rache für ihre Freunde,
»brothers«, wie sie sagen. Aber mit jedem Bier werden sie
melancholischer.

»Wir haben fast 3000 Leute am 11. September verloren«, sagt einer von ihnen. »Wir können das nicht auf uns sitzenlassen. Die Welt steht auf unserer Seite. Wir bleiben jetzt ein paar Monate in Afghanistan, machen die da alle platt, und dann haben wir Ruhe.« »Wenn wir weiter in Freiheit leben wollen, müssen wir uns jetzt wehren«, sagt ein anderer. »Die NATO ist das mächtigste Bündnis der Welt. Wir werden schon fertig mit denen.«

Die Feuerwehrleute denken so, New York denkt so, die ganze westliche Welt denkt so an diesem Tag. Und in amerikanischen Vorstädten und deutschen Wohnsiedlungen spielen an diesem Tag Jungs in den Straßen, Kinder, die noch ein knappes Jahrzehnt später in diesen Krieg ziehen werden.

Viertes Kapitel

WIR KÖNNEN SIE NICHT BESCHÜTZEN

An normalen Tagen ist die Bundespressekonferenz ein Ort nüchterner, nicht selten trockener Vorträge über das politische Geschäft. Die Minister der Regierung erscheinen selbst oder schicken ihre Sprecher, um die wichtigsten Themen zu kommentieren. Manchmal liefern sich Politiker und Journalisten halbwegs amüsante Wortgefechte. Die Pressekonferenzen sind ein jahrzehntealtes Ritual, eingespielt und mit fest verteilten Rollen.

Am 16. März 2010 war es anders.

Um 11 Uhr 30 trat der scheidende Wehrbeauftragte Reinhold Robbe vor die versammelten Reporter, um seinen Jahresbericht für 2009 vorzustellen. Zu Beginn seines Vortrags verlas er fünf Namen:

Sergej Motz
Alexander Schleiernick
Martin Brunn
Oleg Meiling
Patric Sauer

Es waren die Namen der deutschen Soldaten, die 2009 in Afghanistan gefallen oder ihren schweren Verletzungen erlegen waren. Er habe vor ihren Särgen gestanden, sagte Robbe. Diese jungen Männer hätten für ihn »eine emotionale und nicht vergleichbare Bedeutung«.

Es war der Beginn einer beispiellosen Abrechnung mit dem Versagen der Politik und der Führung der Bundeswehr in diesem Krieg.

Robbe erzählte, wie er deutsche Soldaten im Training besucht hatte, kurz bevor sie nach Afghanistan fliegen sollten. »Soldaten, die als Kraftfahrer für schwere geschützte Fahrzeuge wie den zwölfeinhalb Tonnen schweren Transportpanzer Dingo ... eingeplant waren, hatten diese Fahrzeuge zwar schon gesehen, aber noch nie gefahren«, sagte er. »Um diese schweren geschützten Fahrzeuge im Einsatz wirklich sicher beherrschen zu können, bedarf es einer mehrmonatigen Ausbildung ... Und weil die Ausbildung wegen fehlender Fahrzeuge nicht mehr rechtzeitig stattfinden konnte, können die Kraftfahrer erst vor Ort in Kunduz ausgebildet werden. Was dies wiederum in dem schwierigen Gelände und bei den schweren Gefechten für die Soldaten bedeuten kann, muss ich an dieser Stelle nicht beschreiben«, so Robbe.

Musste er wirklich nicht. Denn drei der toten Soldaten, deren Namen Robbe verlesen hatte, waren am 23. Juni 2009 in einem Transportpanzer Fuchs ertrunken. Martin Brunn, Oleg Meiling und Alexander Schleiernick waren südlich von Kunduz in einen Hinterhalt der Taliban geraten. Der Fahrer wollte den schweren Fuchs zurücksetzen, um dem Beschuss auszuweichen. Dabei stürzte das Fahrzeug in einen Kanal, kopfüber, Wasser füllte das Innere.

Martin Brunn wurde einen Tag nach seinem 24. Geburtstag begraben, Oleg Meiling wurde nur 21, Alexander Schleiernick starb mit 23 Jahren.

»Das optimale Beherrschen der nicht einfach zu lenkenden Fahrzeuge kann entscheidend sein für das Überleben im Einsatz«, so Robbe. »Aus diesem Grund fehlt mir jedes Verständnis für dieses gravierende Defizit in der Ausstattung und in der Ausbildung.« Kaum verhüllt stellte Robbe die Frage, ob die drei deutschen Soldaten vielleicht noch leben könnten, wäre ihre Ausbildung besser gewesen.

Drei Männer, keiner älter als 23.

Robbe erzählte auch die Geschichte von einem Stabsgefreiten, 25 Jahre alt, der bei einem Gefecht bei Kunduz schwer verwundet worden war. »Neben Splitterverletzungen waren es vor allem großflächige Brandverletzungen an den Beinen, die seinen Körper zeichneten«, sagte er. Der junge Mann lag im Bundeswehrkrankenhaus in Berlin, knapp dem Tod entkommen. »Bei meinem ersten Krankenbesuch fiel mir auf, dass der Stabsgefreite nicht auf seine eigenen, durch die Brandwunden entstellten Beine schauen konnte«, erzählte Robbe. »Und wenn der Soldat im Fernsehen Explosionen zu sehen bekam, musste er sofort den Apparat ausschalten.«

Nur wenige Tage nach der Verwundung hatte die Verwaltung der Bundeswehr dem Soldaten einen Brief ans Krankenbett geschickt. Darin hieß es, er möge bitte seinen »Auslandsverwendungszuschlag« zurückzahlen. Der Zuschlag (die bereits erwähnten 110 Euro pro Tag) wurde immer im Voraus bezahlt – jeweils für einen Monat. Wegen seiner Verwundung hatte der Stabsgefreite aber nicht den ganzen Monat in Afghanistan verbracht, sondern war mit

einem dringenden Rettungsflug nach Deutschland ins
Krankenhaus gebracht worden. Für die Tage, die er in Afghanistan »geschwänzt« hatte, sollte er nun zahlen. Robbe
beschwerte sich beim Bundesverteidigungsministerium
über diesen unsäglichen Zustand. Und er wurde gehört.
Das Ministerium reagierte prompt und änderte die Rege-
lung. Damit es in Zukunft nicht mehr zu solchen Fällen
kommt, wird der »Auslandsverwendungszuschlag« nun
nicht mehr im Voraus, sondern erst nachträglich am Mo-
natsende ausgezahlt ...

Nur zwei Beispiele, die allerdings symptomatisch sind
für den Einsatz der Bundeswehr in Afghanistan. Deutschland, eines der reichsten Länder der Welt, schickt seine
Soldaten mit mangelhafter Ausrüstung und ungenügen-
der Vorbereitung in den gefährlichsten Einsatz seit dem
Zweiten Weltkrieg. In der offiziellen Darstellung sieht das
natürlich etwas anders aus. In einer Taschenkarte gibt die
Bundeswehr ihren Soldaten gut gemeinte Empfehlungen,
wie sie auf die Fragen von Journalisten antworten sollen.
Darin heißt es: »Wir werden gut ausgestattet, ... sind gut
vorbereitet und motiviert.« Die Wahrheit ist, dass es besonders in Kunduz kaum einen Soldaten gibt, der nicht
über eklatante Defizite bei der Ausrüstung klagt. Von der
Munition in den Gewehren bis hin zu den Fahrzeugen –
überall gibt es Probleme, die Leben kosten können.

Der ehemalige Wehrbeauftragte Reinhold Robbe schrieb
in seinem Bericht für das Jahr 2009: »Bei meinen letzten
Besuchen in den Einsatzorten in Afghanistan wurden mir
wiederholt Mängel aufgezeigt, die die Soldaten im Einsatz
nun schon über Jahre hinweg beklagen und die ich in jedem Bericht aufs Neue thematisieren muss, weil sie die

Einsatzfähigkeit und zum Teil die Sicherheit unserer Soldaten in erheblichem Maße beeinflussen. Dies betrifft vor allem die Materiallage.«

Im Mai 2009 fuhren wir mit einer Kompanie der Bundeswehr auf Patrouille in der Nähe von Kunduz. Bevor wir in den gepanzerten Dingo kletterten, warnte uns einer der Soldaten: »Im Fahrzeug unter keinen Umständen die Schutzwesten anziehen!« Eine höchst ungewöhnliche Empfehlung. Die Westen mit ihren schweren Kevlar-Platten, die Kalaschnikow-Kugeln und Splitter von Sprengsätzen abfangen, gehören eigentlich zur Standardausstattung aller Soldaten in Afghanistan. Nur im Dingo galten andere Regeln. Die Soldaten verstauten ihre Westen in extra eingebauten Fächern. Mit Klettverschlüssen wurden die Westen umständlich verschnürt, damit sie auf den holprigen Straßen und Feldwegen nicht herausfielen. Der Grund dafür, dass die Soldaten ihre Westen während der Fahrt nicht tragen durften: Bei einer Explosion unter dem Wagen werden die Soldaten vom Gurtsystem in den Sitz gedrückt. Die bis zu 14 Kilogramm schweren Westen hingegen würden hochsausen und den Soldaten das Genick brechen.

Im Innern der Dingos ist es eng, die Soldaten haben ihre Gewehre, Helme, Wasser, Munition und häufig Ausrüstung für mehrere Tage dabei. Hinten in der Mitte sitzt der Bordschütze an einem Maschinengewehr. Gerät eine Patrouille unter Beschuss, müssen die Soldaten erst umständlich ihre Westen anlegen, bevor sie aussteigen und zurückfeuern können.

Die Schutzwesten – neben der Waffe der wohl wichtigste Ausrüstungsgegenstand – sind zudem veraltet, viel zu schwer und nicht auf den Einsatz in Afghanistan zugeschnitten. Sie haben keinen Mechanismus, mit dem sie sich schnell und unkompliziert öffnen lassen, wenn ein Soldat zum Beispiel ins Wasser fällt. Kein ganz unrealistisches Szenario in einem Land, das von kleinen Flüssen und Tausenden Bewässerungskanälen durchzogen ist. Ein Soldat, der mit angelegter Schutzweste in einen Fluss stürzt, geht unter wie ein Stein.

Aus genau diesem Grund haben zum Beispiel die Amerikaner alle Soldaten mit neuen Westen ausgerüstet, die von einem Gurtsystem zusammengehalten werden. Zieht man im Notfall an einer Reißleine, lösen sich sofort alle Gurte. Ein innovatives (und nicht teures) System, um das viele deutsche Soldaten ihre US-Kameraden beneiden. Brigadegeneral Jörg Vollmer, 2009 Kommandeur der Deutschen in Afghanistan, schrieb am 24. August 2009 an das Verteidigungsministerium: »Die schwere Schutzweste ... stellt bei den im Einsatzland herrschenden Temperaturen (30–45 Grad) ein starkes Hemmnis dar ... Die Weste schränkt zum Teil erheblich in der Bewegungsfreiheit ein ... Es ist dringend ... eine leichte Weste mit gleichem Schutzfaktor zu beschaffen, die zugleich ein Angurten im Dingo ermöglicht. Hier ist unverzüglich Abhilfe zu schaffen.« Was Vollmer unter »unverzüglich« verstand, führte er im Detail nicht aus. Die deutschen Soldaten warten jedenfalls weiterhin auf neue Westen.

Die gravierenden Ausrüstungsmängel sind deshalb so skandalös, weil sie in den meisten Fällen nichts mit politischem Richtungsstreit oder einer falschen Strategie zu tun haben. Bei der Ausrüstung geht es beim überwältigenden Anteil der Mängel nur um eines: um Geld. Zwar verschlang der Einsatz 2009 rund 500 Millionen Euro. Die

Summe ist aber verhältnismäßig gering, wenn man andere Ausgaben betrachtet. Die Milchbauern bekommen jährlich fast 400 Millionen Euro Subventionen. Die »Abwrackprämie« ließ sich die Bundesregierung fünf Milliarden Euro kosten – so viel wie rund zehn Jahre Afghanistan-Einsatz.

Die USA berechnen die Kosten für einen Soldaten in Afghanistan mit rund 700 000 Euro pro Jahr. Teilt man hingegen die Kosten des deutschen Einsatzes durch die Zahl der Soldaten, kommt man auf eine Summe, die nur knapp über 100 000 Euro liegt. Zwar erledigen die Soldaten der Bundeswehr den gefährlichsten Job, den die Regierung zu vergeben hat. Trotzdem ist ihre Lobby in Deutschland schwach. 254 170 Soldaten gibt es. Damit sind sie eine gesellschaftliche Randgruppe. Sie sind nicht genug, um Wahlkampfthemen maßgeblich zu beeinflussen, Soldaten machen nicht einmal ein halbes Prozent der Wahlberechtigten in Deutschland aus. Ihre sehr berufsspezifischen Interessen spielen in den gesellschaftlichen Debatten Deutschlands, in den Talkshows und Zeitungskommentaren höchstens dann eine Rolle, wenn ein deutscher Soldat gefallen ist. Politiker werben im Wahlkampf nicht aggressiv um die Stimmen von Soldaten, weil das Thema Krieg mehr Wähler vergrault als es bringt. »Tough on Terror«, eine gewisse Härte in der Verteidigungspolitik, gilt deutschen Politikern nicht als Auszeichnung, sondern fast als Makel. Zwar halten über 70 Prozent der Bundestagsabgeordneten den Einsatz in Afghanistan für wichtig und notwendig. Aber offenbar nicht für so wichtig, dass man ihn in den vergangenen Jahren engagiert diskutiert hätte. Und schon gar nicht für so bedeutsam, dass die Politiker hörbar die

schlechte Ausrüstung angeprangert hätten. Zwar gefährdet schlechte Ausrüstung das Leben der Soldaten. Trotzdem ist das Thema in Deutschland nicht brisant genug,
um einen Politiker ernsthaft in Bedrängnis zu bringen.

Doch nicht nur die Politik hat die Ausrüstung der Soldaten in den letzten Jahren gefährlich vernachlässigt. Auch
die Führung der Bundeswehr hat sich nicht gerade ruhm-
reich um die kämpfende Truppe gekümmert. Ende Mai
2008 schickte der damalige Befehlshaber des Heeresfüh-
rungskommandos, Generalleutnant Wolfgang Otto, eine
Mängelliste an all seine Kommandeure. Die Liste las sich
wie der Wunschkatalog einer Dritte-Welt-Armee: Schutz-
und Schießbrillen, die die Augen vor Splittern schützen,
waren »nicht für alle Soldaten vorhanden« und »nur eingeschränkt geeignet«. Neue Brillen für die deutschen
ISAF-Soldaten sollten bestellt werden. Im Feld »Realisie-
rung« stand »ab ca. 2010«, also rund zwei Jahre später.
Knie- und Ellenbogenschützer wurden in der Liste zwar
als »Mindestschutz gegen Schnitt-, Schürf- und Quetsch-
verletzungen für alle Soldaten« beschrieben, trotzdem gab
es nicht genug für die Soldaten in Afghanistan. Das sollte
sich natürlich ändern, und zwar »ab 2012«. Auch hoch-
wertige Schlafsäcke gab es nicht genug, nicht ganz un-
wichtig für Soldaten, die in afghanischen Winternächten
draußen campieren sollen. Angeschafft werden sollten
neue Modelle »frühestens ab 2010, je nach Verfügbarkeit
der Haushaltsmittel«. Auf der achtseitigen Mängelliste
standen unter anderem auch noch Strickmützen, Isomat-
ten, Einsatzkampfjacken, die zu kleine Taschen hatten,
Kampfrucksäcke, Messer für Notsituationen und Pistolen-
holster.

Anstatt auf die oft Jahre dauernde Beschaffung durch die Bundeswehr zu warten, kauften sich viele Soldaten fehlende Ausrüstungsgegenstände selbst – auf eigene Kosten. Ein Zustand, den Generalleutnant Otto so nicht dulden wollte. Aber anstatt seine Dienstherren im Verteidigungsministerium zu rügen, wetterte er gegen die eigenen Soldaten. »Im Einsatz gibt es kaum eine Nation, deren Soldaten so individuell gekleidet auftreten wie unsere Frauen und Männer«, schrieb Otto in seinem »Kommandeurbrief«. Es gebe Einheiten, bei denen »der Unterschied zwischen Kombattanten und marodierenden Banden schwer wahrzunehmen ist«.

Und Otto war noch lange nicht fertig mit seiner Truppe: »Die Neigung unserer Soldaten, empfundene ... Ausrüstungslücken durch Produkte des freien Marktes zu erfüllen, hat in den vergangenen Jahren stetig zugenommen ... Ohne dienstliche Billigung ist die Verwendung privat beschaffter Bekleidung und Ausrüstung im Dienst unzulässig.« Es gebe keinen Raum für »individuelle Beliebigkeiten des Einzelnen in Anzugs- und Ausrüstungsfragen«, so Otto. Wohlgemerkt: Es ging den Soldaten nicht etwa um modische Accessoires oder schrille Mützen. Sie kauften einfach nur wichtige – nicht ganz günstige – Ausrüstungsgegenstände, die ihnen ihr Dienstherr nicht liefern konnte.

Generalleutnant Otto schloss den Brief an seine Untergebenen mit Worten völlig wirklichkeitsfremder Herrschsucht: »Ich erwarte von Ihnen, dass Sie die vorschriftsmäßige Nutzung der Bekleidung und persönlichen Ausrüstung durchsetzen. Ich will, dass das Feldheer in seiner Gesamtheit auch im äußeren Erscheinungsbild vorbildlich ist. Sie, die Kommandeure, handeln in diesem Sinne.«

Hauptsache, die Deutschen ziehen ordentlich gekleidet in den Kampf.

Im Mai 2009, ein Jahr nach dem unsäglichen Kommandeursbrief, interviewten wir Brigadegeneral Jörg Vollmer in seinem Hauptquartier in Mazar-e-Sharif. Vollmer, ein leise sprechender Mann mit dichtem Schnurrbart und ständig blinzelnden Augen, erzählte von der Situation seiner Truppe in Nordafghanistan. Er war übernächtigt und dennoch hoch konzentriert. Er wusste, wie gefährlich solche Interviews sein konnten. Offiziell galt in Deutschland noch Franz Josef Jungs Parole, dass es keinen Krieg gebe. Vollmer kannte die Wahrheit, aber er durfte sie nicht aussprechen. Kommandeur der deutschen Truppen in Afghanistan war (und ist) wohl einer der politisch heikelsten Posten der Bundeswehr. Jede allzu realistische Äußerung konnte als Kritik am Kurs des Ministers gewertet werden. Vollmer wählte seine Worte mit Bedacht. Die Pausen zwischen seinen Sätzen waren meist länger als die Sätze selbst. Wir saßen auf Ledersofas, tranken Cola aus der Dose und sprachen über das Gefecht, in dem wenige Tage zuvor der Hauptgefreite Sergej Motz gefallen war.

Die Deutschen hätten sich »bravourös« geschlagen, so Vollmer.» Unsere Soldaten haben alles umgesetzt, was sie trainiert haben. Sie haben erfolgreich gekämpft, dem Gegner Verluste zugefügt und sich dann vom Feind gelöst, um die eigenen Verwundeten zu versorgen. Bei aller Trauer um den gefallenen Kameraden überwiegt der Stolz, dass wir uns erfolgreich durchgesetzt haben. Wir gehen selbstbewusst aus diesem Gefecht hervor.«

Vollmer war spürbar begeistert von der Leistung seiner
Soldaten. Vielleicht auch, weil er wusste, unter welch wid-
rigen Umständen sie gekämpft hatten. Kaum jemand
wusste mehr über all die Mängel, die den Einsatz lähmten.
Und kein Kommandeur vor ihm erlebte das verheerende
Zusammenspiel aus schlechter Ausrüstung und schweren
Gefechten derart intensiv wie er.

In zwei geheimen Berichten mit insgesamt mehr als
150 Seiten beschrieb Vollmer die erschütternden Missstände in Afghanistan. Die Berichte vom 9. April und
24. August 2009 sind erdrückende Beweise dafür, wie sehr
verschiedene Bundesregierungen ihre Soldaten im Einsatz
vernachlässigt haben. Kein Auto dürfte mit so vielen
Mängeln in Deutschland in den Handel geliefert werden.
Kein Feuerwehrwagen dürfte zu einem Brand ausrücken,
wenn die Ausrüstung derart veraltet und unvollständig
wäre. Aber was in Deutschland undenkbar wäre, ist im
deutlich gefährlicheren Afghanistan Alltag der Soldaten.
Von den Unterhosen bis zur lebensrettenden Erste-Hilfe-
Ausbildung – so gut wie nichts hielt der Realität des Einsatzes stand. Einige Passagen aus Vollmers Berichten wirken wie eine Satire aufs Militär, andere Teile hingegen wie
ein Horrorszenario für jeden Soldaten.

»Wenn der einfache deutsche Soldat wirklich durch-
dringen würde, was in diesem Einsatz vor sich geht«,
sagte uns ein deutscher Offizier in Kabul, »dann würde er
uns einen Vogel zeigen, seine Sachen packen und nach
Hause fahren.«

»Das Bekleidungskonzept sieht keine brauchbare Winter-
unterwäsche vor«, meldete Vollmer ans Verteidigungsministerium. »Im Einsatz werden … Unterhemden, langer

Arm, wollweiß, und Unterhosen, Wirkplüsch, ausgegeben. Eine große Zahl von Soldaten versorgt sich daher auf eigene Kosten auf dem freien Markt mit geeigneter Funktionsunterwäsche.« Die Unterwäsche der Bundeswehr sei »unzweckgemäß und nicht mehr zeitgemäß. Die Unterhemden stammen aus Beständen der 60er-Jahre, die Unterhosen sind aufzutragende Restbestände.«

Auch für die Füße der Soldaten hielt das Verteidigungsministerium offenbar kein geeignetes Material bereit. Die Socken mit dem Namen »Fashion by CD« seien »zu eng gefertigt. Dieser Umstand wird seit Juli 2008 regelmäßig ... als Mangel gemeldet. Dennoch werden unverändert die gleichen Socken ausgegeben.« Sie würden bereits »nach der zweiten Wäsche nicht mehr passen«.

Während die »Unterhosen, Wirkplüsch« und die zu kleinen Socken eher wie eine Posse über den bürokratischen Irrsinn der Wehrverwaltung klangen, las sich Vollmers Mängelliste zur Bewaffnung der deutschen Soldaten dramatisch. Wer verstehen wollte, warum die Deutschen in Kunduz tatsächlich eine Art »Bunkermentalität« entwickelt hatten, musste nur Vollmers alarmierende Liste lesen. Die Soldaten der Bundeswehr fühlten sich unterbewaffnet, teilweise sogar wehrlos gegen ihren meist unsichtbaren Feind. Wer Vollmers Report las, konnte nur zu dem Schluss kommen, dass die Bundeswehr in Kunduz einem überlegenen Feind gegenüberstand und nicht die Mittel hatte, ihn zu stellen. Fast zwangsläufig musste es irgendwann zu schweren deutschen Verlusten kommen – und in all den fatalen Missständen lag auch schon der Samen für die Entscheidung von Oberst Georg Klein zu dem verheerenden Luftangriff vom 4. September 2009, den Klein selbst später als verzweifelten Befreiungsschlag darstellte.

Vollmer beschrieb, wie hilflos die Soldaten im Feldlager Kunduz dem Raketenbeschuss der Taliban ausgeliefert waren. »Es besteht unverändert die Fähigkeitslücke, einen Beschuss von deutschen Einrichtungen mit Raketen/Artillerie/Mörser reaktionsschnell abwehren zu können«, so Vollmer in seinem Bericht vom 9. April 2009. »Die erforderlichen Aufklärungsergebnisse liegen oftmals vor, es mangelt jedoch an der Fähigkeit, diese zu nutzen und zielgerichtet zu wirken.«

Vollmer schilderte den Heiligabend 2008. Die Bundeswehr hatte eine »Abschussposition« für Raketen in der Nähe des Feldlagers Kunduz entdeckt, konnte sie aber nicht zerstören. Der Kunduz River trennte die Truppen von den Raketen, die aufs deutsche Lager zielten, eine Brücke gab es nicht. Die deutschen Soldaten konnten nichts anderes tun als zuzusehen, wie vier Raketen rund dreißig Minuten später in den Himmel zischten – und das Feldlager knapp verfehlten. Man kann ungefähr erahnen, wie allein gelassen sich die Soldaten an diesem Weihnachtsfest fühlten.

Wegen solch grotesker und lebensgefährlicher Situationen »ist die Forderung nach einer weitreichenden, zielgenauen Steilfeuerkomponente aufrechtzuerhalten«. Was Vollmer meinte, war klar: Artillerie, die Panzerhaubitze 2000, mit der sich solche Raketenstellungen innerhalb von Minuten zerstören ließen. Genau das Waffensystem, das Generalinspekteur Wolfgang Schneiderhan bis zu seinem letzten Tag im Amt stets ablehnte mit der Begründung, es gehe in Afghanistan nicht um »Feuerüberlegenheit«.

Doch genau darum ging es an jenem Heiligabend. Genau
diese »Feuerüberlegenheit« hätte auch Oberst Klein nach
eigenen Aussagen gern gehabt, als er amerikanische
Kampfjets zu Hilfe rief.

Ende 2009 sprachen wir mit einem Hauptmann, der mit
seiner Kompanie drei Monate lang in Kunduz gewesen
war. Er hatte viele Bücher gelesen, um sich auf den Einsatz vorzubereiten. Über die Kultur in Afghanistan, über
die Sitten und Bräuche, über die Geschichte des Landes.
»Ich wollte wissen, wo ich mich da hineinbegebe«, erzählte
er. Aber eine wichtige Lehre stand nicht in seinen Büchern. »Uns wurde immer gesagt, dass wir die Afghanen
nicht mit schweren Waffen einschüchtern wollen«, erzählte der Hauptmann. »Aber für die Afghanen sind Waffen ein Symbol von Macht und Stärke. Die Taliban haben
Panzerfäuste, wir haben unsere Gewehre. Viele Afghanen
nehmen uns nicht ab, dass wir damit eine Chance gegen
die Taliban haben. ›Habt ihr keine größeren Waffen‹?,
wurde ich immer wieder gefragt. Die Leute glauben uns
nicht, dass wir sie beschützen können. Können wir ja auch
nicht.«

Die deutschen Soldaten tragen das Gewehr G36 der
Firma Heckler & Koch, eine der besten Waffen der Welt.
Aber auch das bringt wenig, wenn die Munition nicht geeignet ist für den Einsatz. Auch das bemängelte Brigadegeneral Vollmer in seinem Bericht. »Die Hartkernmunition
für das G36 ist aufgrund der fehlenden Mannstoppwirkung ungeeignet«, schrieb Vollmer. »Die fehlende Mannstoppwirkung der Hartkernmunition erfordert im Gefecht
einen höheren Munitionsansatz zur Bekämpfung von Zielen.«

Die Munition ist ein gutes Beispiel dafür, wie in Deutschland die Befindlichkeiten der Politik und die Bedürfnisse der Soldaten kollidieren. Natürlich will kein Politiker öffentlich darüber diskutieren, mit welcher Munitionssorte man einen Menschen am schnellsten und effektivsten töten kann. Für die Soldaten aber ist es überlebenswichtig. Denn die »fehlende Mannstoppwirkung«, die Vollmer bemängelte, bedeutet nichts anderes, als dass ein getroffener Aufständischer weiter auf einen Soldaten zulaufen und auf ihn schießen kann. Die Hartkernmunition geht oft glatt durch den Körper durch, gefährdet Unbeteiligte in der Schusslinie und »hat oft nicht genug Punch, um heranstürmende Kämpfer zu stoppen«, wie es in einer Fachzeitschrift heißt.

Mit solchen Worten gewinnt man in keiner deutschen Talkshow einen Sympathiewettbewerb. Aber für die deutschen Soldaten macht die richtige Munition den alles entscheidenden Unterschied aus zwischen einem Feind, der am Boden liegt, und einem Feind, der noch einen letzten Schuss abgibt.

Vollmer empfahl die »Beschaffung von neuen Munitionssorten«. Ebenfalls bemängelte er, dass sich mit dem G36 im Gefecht kaum gezielt schießen lässt. Denn, so Vollmer, »durch das Tragen der Schutzweste vergrößert sich beim Zielen mit dem Gewehr der Abstand zwischen Visiereinrichtung und Auge. Die gezielte Schussabgabe ist so nicht/nur eingeschränkt möglich.«

Aber nicht nur war das Zielen schwierig und die Munition schlecht – es hakte auch noch beim Munitionsnachschub, ausgerechnet in der Zeit, in der deutsche Soldaten in Kunduz fast täglich ihre Magazine leerschießen muss-

ten. Bei der »Folgeversorgung Munition« kam es immer
wieder zu »langen Laufzeiten«, mahnte Vollmer. »Muni-
tionslieferungen ... haben momentan eine Laufzeit von 10
bis 12 Wochen ... Auch können einige Munitionssorten
und Arten nicht in der geforderten Menge bereitgestellt
werden«, heißt es in dem Bericht. Und das, obwohl die
»zeitgerechte Zuführung von Munition zwingend erforderlich« wäre.

Im Sommer 2009 interviewten wir in Kunduz zahlreiche
Soldaten zu der Bordwaffe ihrer Dingos. Ihre Aussagen
waren eindeutig. Das kleine Maschinengewehr habe nicht
genug abschreckende Wirkung, und es sei schwierig, präzise damit zu schießen. »Mit dem schweren Kaliber .50
würden wir uns bei den Taliban enorm Respekt verschaffen«, sagte ein Soldat. »Die greifen normalerweise kein
Fahrzeug mit so einer Kanone an, weil sie wissen, dass das
hässliche Löcher macht.« Auch Vollmer forderte von seinen Dienstherren das schwere Maschinengewehr vom Kaliber .50. »Eine Steigerung der Waffenwirkung auf allen
Fahrzeugen ist zwingend erforderlich«, schrieb er. »MG3/4
reichen bei der landestypischen Bauweise von Häusern
und Wällen nicht, um diese zu durchschlagen.«

Ein Taliban, der sich hinter einer der unzähligen Lehm-
mauern verschanzt, ist für die deutschen Soldaten nahezu
unerreichbar. Trotzdem sind die Dingos bis heute mit den
schwächeren Waffen ausgerüstet. Viele Dingos verfügen
nicht einmal über eine Halterung für das schwere MG, weil
die Bundesregierung die günstigere Fahrzeugvariante für
Afghanistan bestellte. Im Bericht des Wehrbeauftragten
für 2009 heißt es dazu: »Angesichts der häufigen Gefechts-
situationen in Afghanistan müssen die Fahrzeuge und

Waffen der Bedrohungslage angepasst werden. Die erforderlichen technischen Verbesserungen sind offensichtlich erkannt. Laut Aussage des Bundesministeriums der Verteidigung ist mit der Installation entsprechender Waffenstationen allerdings nicht vor dem III. Quartal 2010 zu rechnen.«

Nicht nur schlechte oder ungeeignete Ausrüstung gefährdet den Einsatz der deutschen Soldaten. Immer wieder sind es auch wirklichkeitsfremde Vorschriften, mit denen die Soldaten zu kämpfen haben, bevor sie schießen dürfen. So konnten Soldaten der Quick Reaction Force ihre Lenkraketen vom Typ Milan nicht einsetzen, weil sie sie nicht vorschriftsmäßig testen konnten. Die Milan-Rakete durchschlägt modernste Panzerung und Stahlbeton und lässt sich in Afghanistan gegen Aufständische einsetzen, die sich zum Beispiel in Häusern verschanzt haben. Allerdings nur, wenn das Waffensystem von einem dafür ausgebildeten Soldaten inspiziert worden ist. »Zur Nutzung der Milan ist vorgeschrieben, dass eine Überprüfung des Waffensystems vor dem ersten Schuss stattfindet«, schrieb Vollmer in seinem Bericht. Die Überprüfung müsse von einem Feldwebel »mit der Prüfausstattung, Lenkflugkörpersystem 4935-12-165-1733 durchgeführt werden«. Die QRF hatte dummerweise den falschen Waffenmechaniker dabei. Er war, so Vollmer, »nicht dazu berechtigt, das Waffensystem Milan zu prüfen. Zusätzlich verfügt die QRF nicht über die notwendige Prüfausstattung.«

Die Raketen blieben im Schrank.

Der statistisch tödlichste Killer in Afghanistan sind die versteckten Sprengsätze, mit denen die Taliban Konvois und Patrouillen angreifen. Die sogenannten Improvised

Explosive Devices (IEDs) sind für rund 60 Prozent der Gefallenen verantwortlich. Die Zahl der IED-Anschläge stieg
von 81 im Jahr 2003 auf 7228 im Jahr 2009. IEDs liegen
versteckt unter Müll, Steinen, Tierkadavern am Straßenrand oder sind in der Straße vergraben. Die Sprengsätze
bestehen aus alter Munition, aus Minen, Artilleriegrana-
ten, aber auch aus chemischem Düngemittel, das die Afghanen von der internationalen Gemeinschaft erhalten
und an die Taliban verkaufen. Gezündet werden die IEDs
über Handy oder Zündkabel, oder aber über einfache
Druckzünder. Fährt ein Fahrzeug drauf, explodiert der
Sprengsatz. Die Improvised Explosive Devices reißen mit
ihren Schrapnellen entsetzliche Wunden, amputieren
Gliedmaßen und führen zu schweren Verbrennungen. Mit
den Jahren und der wachsenden Erfahrung der Aufständischen sind sie zur meistgefürchteten Waffe des Guerillakrieges geworden. Die Soldaten sind nahezu machtlos dagegen; sie sind auf Tipps aus der Bevölkerung angewiesen.
Bekommen sie keine Tipps, können sie nicht viel mehr tun
als warten, bis ein IED explodiert, und hoffen, dass die
Panzerung sie schützen wird. Je länger der Krieg dauert,
desto größer und ausgefeilter werden die IEDs. Oft legen
die Aufständischen einen Hinterhalt und eröffnen das
Feuer, wenn die Soldaten ihre Verwundeten versorgen.

Am 27. August 2008 fiel der Hauptfeldwebel Mischa
Meier nahe Kunduz, als ein IED mit rund zehn Kilo Sprengstoff unter seinem Mercedes-Geländewagen vom Typ Wolf
explodierte. Es war 9 Uhr 25 in Afghanistan, gegen 6 in
Deutschland. Mischa Meier saß auf dem Beifahrersitz. Neben ihm am Steuer saß ein junger Stabsgefreiter, dessen
Frau gerade schwanger war. Der Stabsgefreite überlebte

verletzt wie durch ein Wunder und wurde knapp vier Monate später Vater einer Tochter. Mischa Meier starb mit 29 Jahren, um 10 Uhr 55 erlag er im Lazarett des deutschen Feldlagers seinen Verletzungen. Beim Trauergottesdienst füllten Fallschirmjäger in Uniform die Reihen, Mischa Meiers junge Freundin ging von zwei Freundinnen gestützt auf den Sarg zu. Der Sarg war in die deutsche Fahne gehüllt. »Ich hatt' einen Kameraden« hallte durch die kleine Heilig-Kreuz-Kirche im saarländischen Zweibrücken.

In nüchterner Sprache skizziert der Ermittlungsbericht über Mischa Meiers Tod die Wucht der Explosion. In der Beschreibung des Sprengsatzes lässt sich die ganze Hilflosigkeit der Soldaten gegenüber dieser hinterhältigen Waffe erahnen. »Die Detonation erfolgte im vorderen Bereich des Fußraumes des Beifahrers«, heißt es in dem Papier. »Die Splitterschutzbodenplatte wurde von Artillerieschrapnellen durchschlagen und aufgewölbt. Der Wolf MSS verlor den Bodenkontakt und schleuderte um 180 Grad drehend durch die Luft. Hauptfeldwebel Meier befand sich im Schwerpunkt der Detonation. Die den Minenschutz des Fahrzeugs durchschlagenden Artillerieschrapnelle trafen die Beine des Soldaten. Durch die Gewalt der Explosion wurden er und die übrigen Insassen aus dem Fahrzeug geschleudert.«

Die Motorhaube des Wolf war in der Hitze der Explosion geschmolzen, Splitter hatten den Innenraum zersiebt. Im Feldlager Kunduz stand das Wrack in einem versteckten Hof, abgedeckt mit einer verstaubten olivgrünen Plane. Ein Knäuel aus Blech, zerrissenen Panzerplatten und verschmorten Kabeln, ein erschütterndes Abbild des Alltags in Afghanistan.

Obwohl die versteckten Sprengsätze die mit Abstand
größte Bedrohung darstellen, sind die deutschen Soldaten
nur unzureichend dagegen geschützt. Zwar hat die hervorragende Panzerung der deutschen Fahrzeuge schon manches Leben gerettet. Aber der beste Schutz gegen IEDs ist
Wissen. Meist kennen afghanische Dorfbewohner und
Bauern die Stellen, an denen die Sprengsätze vergraben
liegen. Die Frage ist nur, ob sie es den Deutschen rechtzeitig verraten.

Die Bombenbauer operieren in gut getarnten Netzwer-
ken. Es gibt Experten für die Beschaffung von Sprengstoff
und alter Munition, Fachleute und Ingenieure für die Zün-
der, die immer neue perfide Todesmechanismen austüfteln,
und schlecht bezahlte Helfer, die gegen Bargeld die fer-
tigen Bomben vergraben. Genau wie für die Rüstungs-
industrie, ist der Krieg auch für die Entwicklung von IEDs
ein Fortschrittsmotor. Ein kleines Beispiel: Lange Zeit zün-
deten die Aufständischen ihre Sprengsätze aus sicherer
Entfernung per Handy. Zum Schutz wurden immer mehr
NATO-Fahrzeuge mit sogenannten Jammern ausgestattet,
Störsender, die mit starken Strahlen die Funksignale blo-
ckieren. Die Aufständischen haben sich darauf eingestellt.
Moderne IEDs sind mit einem eingeschalteten Handy ver-
bunden. Sobald ein Jammer den Netzempfang unter-
bricht, explodiert der Sprengsatz.

Die Kriege im Irak und in Afghanistan haben bewiesen,
dass die Wirkung der IEDs immer vernichtender wird, je
länger der Konflikt dauert. IED-Konstrukteure aus dem
Irak sind in den letzten Jahren unter dem wachsenden
Druck der Amerikaner nach Afghanistan geflüchtet und
haben ihr zerstörerisches Wissen mitgebracht. Der Pro-

zentsatz der Soldaten, die in Afghanistan durch versteckte Sprengsätze starben, hat sich seit 2006 verdoppelt. Einzig exzellente Aufklärung und Überwachung der IED-Netzwerke bieten so etwas wie Schutz. Ein Bereich, der bei der Bundeswehr viel zu lange eklatant vernachlässigt wurde.

In den letzten Jahren hatten die Deutschen keinen Experten für die Aufklärung und Bekämpfung der heimtückischen Sprengsätze (Counter IED) in ihrem Hauptquartier in Mazar-e-Sharif. »Die Stelle ... kann seit vier Kontingenten nicht mehr durch Personal mit der geforderten Qualifikation besetzt werden«, schrieb Brigadegeneral Vollmer in seinem Bericht vom 24. August 2009. Das würde »deutliche Nachteile bei der Netzwerkbekämpfung zur Folge haben«. Statt einen Experten einzusetzen, wurde die Stelle von einem anderen Offizier quasi als Nebenjob betreut. Und das, obwohl es um die größte Bedrohung für deutsche Soldaten ging. »Nicht hinnehmbar« sei das, schrieb Vollmer.

Auch mit dem Offizier, der die Strukturen der IED-Konstrukteure aufspüren und aufdecken und den Kontakt zu Informanten in den Dörfern halten sollte, war Vollmer alles andere als zufrieden. Sein harsches Urteil: »Die Personalauswahl ... (Besetzung mit einem Reservisten ohne aktuelle Ausbildung im Intelligence-Bereich) war nicht zielführend. Hier ist der Einsatz von gut qualifiziertem und aktivem Personal zwingend erforderlich.«

Während Amerikaner, Briten und beispielsweise auch die Israelis die IED-Bekämpfung zu einer regelrechten Wissenschaft erhoben haben, kümmert man sich bei der Bundeswehr sozusagen nach Feierabend um die gravierendste Bedrohung des modernen Krieges. »Die Ausbildung der zur Auswertung von IED-Vorfällen eingesetzten Kräfte ist nicht ausreichend«, urteilte Vollmer. Die deutschen Soldaten waren mehr als unzureichend auf die Sprengfallen vorbereitet worden. »Der Bedrohung durch IED kommt im Einsatz in Afghanistan eine besondere Bedeutung zu ... Die Ausbildung in Deutschland muss dringend überarbeitet werden«, forderte er. »Bedeutung, Möglichkeit und Aufgaben« der IED-Bekämpfung seien den Kommandeuren vor Ort, die mit ihren Soldaten auf den gefährlichen Straßen patrouillieren, »weitestgehend unbekannt. Mögliche Informationsquellen werden nicht genutzt. Counter-IED-Fähigkeiten und Ausbildungsmöglichkeiten werden aufgrund Unkenntnis vernachlässigt oder erst im Verlauf des Einsatzes zur Erhöhung der Sicherheit der eigenen Truppe integriert.«

Wie schon bei der modernen Aufstandsbekämpfung (»Counterinsurgency«) verschlief das Bundesverteidigungsministerium mit der Bedrohung durch IEDs einen der wichtigsten militärischen Trends des 21. Jahrhunderts. Während im Irak und in Afghanistan jeden Tag NATO-Soldaten durch immer kraftvoller werdende, hausgemachte Sprengsätze starben, übten die Pioniere der Bundeswehr noch immer, wie sie die Minenfelder des Kalten Krieges räumen sollten.

»Wir werden monatelang darauf gedrillt, jede Veränderung an der Straße zu bemerken«, erzählte uns ein amerikanischer IED-Experte im Januar 2010. »Wir patrouillieren in Schrittgeschwindigkeit hundertmal auf ein und denselben Wegen. Wenn ein Zweig, ein Stein, irgendwas anders ist als vorher, schauen wir uns das an. Wenn irgendwo die

Erde aufgeworfen ist, schauen wir uns das an. Wenn wir irgendwo ein Stück Draht entdecken, schauen wir uns das an.«

Anders bei den Deutschen. Die Ausbildung sei »mit Blick auf die aktuellen Einsätze der Bundeswehr zu überarbeiten und neu auszurichten«, forderte Vollmer. »In der Ausbildung sind Verfahrensweisen und Handlungsabläufe mit aktuellem Einsatzhintergrund auszubilden und zu üben, die insbesondere um die aktuelle Bedrohungslage (Einsatz von IED) ergänzt werden. Das bis heute im Schwerpunkt ausgebildete humanitäre Minenräumen findet so im Einsatzland grundsätzlich nicht statt.«

Wenig überraschend, dass es auch auf diesem Gebiet an der Ausrüstung der Deutschen haperte. Es fehlte an Jammern für die Fahrzeuge, um ferngezündete IEDs zu stören. Es fehlte an Robotern, um entdeckte IEDs zu räumen. Es fehlte sogar an gepanzerten Fahrzeugen für Pioniere und Kampfmittelräumer. »Ein Einsatz zur Räumung von IED ist derzeit nicht möglich«, schrieb Vollmer. Die Ausrüstung der Soldaten müsse endlich »so erweitert werden, dass der Einsatz auch gegen IED, wenn zum Fördern der Bewegungsfreiheit notwendig, möglich ist.«

Weil es in Kunduz keine speziell gepanzerten Fahrzeuge gab, um Straßen und Wege zu räumen, schickte man großen Konvois und Patrouillen die Aufklärer voraus. Mit zwei Spähwagen vom Typ Fennek fuhren sie die geplante Route ab und hielten Ausschau nach allem, was ihnen verdächtig schien. Eine undankbare Aufgabe. Im Mai 2009 unterhielten wir uns mit einem der Aufklärer, einem jungen Feldwebel aus Sachsen. Es war der Abend vor einer dieser waghalsigen Missionen. Der Feldwebel sagte, dass er seinen Eltern nicht so genau erzählen würde, was er in Afghanistan machte. Am nächsten Morgen sollten er und seine Männer vor Sonnenaufgang aufbrechen. Ein besonders heikler Zeitpunkt, da die Aufständischen bei Nacht nahezu ungestört Sprengsätze vergraben konnten. Ob er Angst hätte, fragten wir ihn.

»Ich sag mir immer, zwei Kilo Sprengstoff überlebst du, 200 Kilo überlebst du nicht«, war seine Antwort. »Irgendwo dazwischen liegt das Schicksal.«

Der nachlässige Umgang mit den Sprengfallen zeigt deutlich, wie schwer es der Bundeswehr fällt, sich auf einen modernen Krieg einzustellen. IEDs werden noch über Jahre hinweg die Waffe der Wahl von Aufständischen weltweit sein. Selbst kleine Gruppen können mit wenigen gut platzierten Sprengsätzen enormen Schaden anrichten. Im Internet kursieren Hunderte von Videos, die zeigen, wie amerikanische Humvee-Jeeps von Explosionen zerfetzt werden. Die Videos sind mächtigste Propagandamittel. Mit IEDs lassen sich nicht nur Menschen töten. Mit den brutalen Bildern davon lassen sich auch willige Nachwuchskämpfer für den Krieg gegen die NATO-Truppen begeistern und rekrutieren.

Nichts untergräbt die Moral von Soldaten so sehr wie IEDs, gegen die keine Panzerung hundertprozentigen Schutz bieten kann. Für die deutschen Soldaten in Afghanistan sind IEDs eine größere Bedrohung als es russische Soldaten in den Jahrzehnten des Kalten Krieges je waren. Trotzdem gab es im Verteidigungsministerium oder im Apparat der Bundeswehr bis zum April 2010 keine Arbeitsgruppe, die sich wissenschaftlich mit diesem Thema beschäftigte. Erst unter Verteidigungsminister Guttenberg

und dem neuen Generalinspekteur Volker Wieker eröffnete das »Informationszentrum Counter-IED«.

* * *

Es dauert gute zehn Sekunden, bis das Morphium wirkt
und die Schmerzen nachlassen. Ein milder Rausch verne-
belt das Gehirn. Für einige Minuten werden die Qualen
einer schweren Verwundung wieder erträglich.

Durch zahllose Filme sind die Morphium-Ampullen zum
Symbol für die Grauen des Krieges geworden. Egal ob
Saving Private Ryan oder *Black Hawk Down* – kaum ein
Kriegsfilm kommt ohne die Szene aus, in der ein Soldat
seinem verletzten Kameraden eine Spritze in den Ober-
schenkel sticht.

Kurz vor Weihnachten 2008 wurden auch die deutschen
Soldaten in Afghanistan erstmals wieder mit dem starken
Betäubungsmittel ausgerüstet – ein weiteres Indiz dafür,
wie dramatisch sich die Sicherheitslage in den letzten Jahren verschlechtert hat. Die Soldaten tragen ihre Injektoren
in der linken Tasche der Uniformhose oder in einer Art
Erste-Hilfe-Paket an ihrer Ausrüstung. Ein kleines weißes
Röhrchen mit einer gelben Kappe und einer grünen Schutz-
hülle über der Nadel. »Grünes Ende auf den Oberschen-
kel aufsetzen, kräftig drücken, sodass die Injektion ausgelöst wird«, steht auf dem Röhrchen. Und weiter: »Diese
Position muss ca. 10 Sekunden beibehalten werden.«

»Das war schon ein seltsames Gefühl, als sie uns das
Morphium ausgeteilt haben«, erzählte uns ein deutscher
Soldat in Kunduz. »Wenn du Morphium bei dir hast, weißt
du, das ist jetzt kein Spaß mehr. Ab jetzt zählt's.«

Wenn ein deutscher Soldat verwundet wird und Morphium gegen die Schmerzen bekommt, schreiben ihm die anderen Soldaten die Dosis auf die Haut, auf den Arm, die Brust oder die Stirn. Die Ärzte im Lazarett müssen wissen, wie viel er bereits bekommen hat, denn eine Ampulle zu viel kann den Kreislauf kollabieren lassen. Ob ein schwer Verwundeter überlebt oder stirbt, hängt zu einem überwältigend großen Teil an der Routine seiner Helfer. Daran, ob sie die Blutungen stillen können. Daran, ob sie im Chaos, unter Stress und nicht selten unter Beschuss in wenigen Sekunden die richtigen Entscheidungen treffen.

Aber auch die Erste-Hilfe-Ausbildung wurde bei der Bundeswehr offenbar schwer vernachlässigt. In seinem Bericht für 2009 erhob der scheidende Wehrbeauftragte Reinhold Robbe geradezu wütende Vorwürfe gegen den verantwortlichen Inspekteur des Sanitätsdienstes, Generaloberstabsarzt Dr. Kurt-Bernhard Nakath (immerhin Träger des »Ordre National du Lion« der Republik Senegal). Der Drei-Sterne-General habe »die Sanität regelrecht vor die Wand gefahren«, so Robbe. »Ich komme deshalb nicht umhin, der Führungsebene, insbesondere dem Inspekteur, ein klares Versagen in seinem Verantwortungsbereich vorzuwerfen.«

Als ein besonders erschütterndes Beispiel für die mangelnde Versorgung verwundeter Soldaten nannte Robbe das Bundeswehrzentralkrankenhaus Koblenz. »Dort musste die einzige Station, die in der Bundeswehr schwere Brandverletzungen versorgen konnte, wegen fehlender Fachärzte geschlossen werden«, schrieb Robbe in seinem Bericht. »Mit der Folge, dass Soldaten mit schweren Brandverletzungen nur noch in zivilen Spezialkliniken behan-

delt werden können. Damit ging den Bundeswehrkranken-
häusern und der Bundeswehr insgesamt eine Kernfähigkeit
zur Behandlung einsatzrelevanter Verletzungen verloren.
Dies führte dazu, dass bereits ein schwer brandverletzter
Soldat nicht mehr in einem Bundeswehrkrankenhaus behandelt werden konnte.«

Der Soldat, dessen Beine nach einem IED-Anschlag
schwerst verbrannt waren, musste in ein Berliner Krankenhaus verlegt werden. Dort hatten die Ärzte zunächst Probleme, die zahlreichen Bundeswehr-Fachbegriffe und Ab-
kürzungen in der Krankenakte zu entziffern und zu deuten.
Die Bundeswehr musste erst einen eigenen Arzt einflie-
gen, sozusagen als Übersetzer, damit die Behandlung tatsächlich beginnen konnte.

Es ist schwer nachvollziehbar, warum in Deutschland –
mit seiner weltweit einmaligen medizinischen Versorgung –
ausgerechnet verwundete Soldaten nicht optimal betreut
und behandelt werden. Sowohl geheime Berichte aus dem
Verteidigungsministerium als auch öffentliche Berichte
belegen teilweise haarsträubende Zustände bei der Ausbildung und der Ausrüstung der Soldaten in Afghanistan.
»Ein Problem besteht darin, dass Einsatzteilnehmer neben
der teilweise fehlenden materiellen Ausrüstung und Ausstattung nicht immer über die erforderliche einsatzorien-
tierte rettungs- und notfallmedizinische Ausbildung und
Praxis verfügen«, schrieb Robbe in seinem Bericht. Der
Wehrbeauftragte kritisierte unter anderem das »mangelnde Ausbildungsniveau von Sanitätsärzten und Ret-
tungsassistenten im Vergleich zum zivilen Rettungsdienst.«
Es fehle den Soldaten an »praktischer Rettungsdiensterfah-
rung und damit an Routine – und das angesichts der er-

schwerten Bedingungen vor Ort«. Weiter schrieb Robbe:
»Einige Einsatzteilnehmer haben mir gegenüber darauf
hingewiesen, dass sie sich aufgrund eigener Initiative in
ihrer Freizeit durch freiwillige Einsätze im zivilen Rettungsdienst die erforderliche praktische Erfahrung aneignen.
Die angesprochenen Ausbildungsdefizite sind sehr ernst
zu nehmen, denn sie können in der Regel während des
Einsatzes nicht nachgeholt werden.«

Nicht nur Robbe als »Stimme der Soldaten« kritisierte
die schweren Mängel bei den Sanitätern. Auch Brigadegeneral Jörg Vollmer beschrieb aus seiner Einsatzerfahrung heraus ähnliche Missstände. »Die sanitätsdienstliche
Versorgung in der Fläche wird ... zunehmend kritischer«,
meldete Vollmer an das Einsatzführungskommando.
»Diese Einschränkung der notfallmedizinischen Versorgung stellt eine erhebliche Fähigkeitslücke dar« und
berge für die Soldaten »eine erhebliche psychische Belas-
tung«. Die Soldaten würden sich fragen: »Was ist, wenn
mir hier etwas passiert?« Für das deutsche Feldlager in der
besonders umkämpften Region Kunduz forderte Vollmer,
was eigentlich selbstverständlich sein sollte: »Die ständige
Verfügbarkeit« eines Rettungshubschraubers, »einer
CH-53 MedEvac«.

Besonders fassungslos zeigte sich Vollmer über die un-
zureichende Erste-Hilfe-Ausbildung der normalen Soldaten. Bei der Vorbereitung auf den Einsatz in Afghanistan
hatte ihnen offenbar niemand genau erklärt, wie sie ihr
sehr umfangreiches Erste-Hilfe-Paket eigentlich einsetzen
sollten. »Im Einsatz ist für jeden Soldaten die ›Persönliche
Sanitätsausstattung Soldat im Einsatz‹ verfügbar«, schrieb
Vollmer. »Eine durchgängige Ausbildung an dieser wich-

tigen und möglicherweise lebensrettenden Ausstattung
vor Einsatzbeginn ist bislang nicht erkennbar und muss
daher … im Einsatz nachgeholt werden … Da nicht für alle
Soldaten diese Ausbildung in den ersten Tagen des Einsatzes durchgeführt werden kann, ergibt sich eine gefähr-
liche Fähigkeitslücke.«

Die Soldaten hatten in der Ausbildung beispielsweise
auch nicht geübt, wie sie die lebensrettenden (und bei
Überdosierung tödlichen) Morphium-Injektoren einsetzen
sollten. Vollmer fand dazu klare Worte: »Keinesfalls hinnehmbar ist jedoch, dass weiterhin Soldaten in den Einsatz verlegt werden, ohne eine diesbezügliche Ausbildung
erhalten zu haben. Hier muss pragmatisch und im Sinne
der Fürsorge für unsere Soldaten umgehend gehandelt
werden. Die Anwendung … der Morphin-Autoinjektoren
muss zwingend in die Einsatzvorausbildung im Heimat-
land integriert werden.«

Vollmers Schlussfolgerung glich dem vernichtenden
Urteil, zu dem auch der Wehrbeauftragte gekommen war:
»Die Sanitätsausbildung aller Truppen mit abschließender
Befähigung zum ›Helfer im Sanitätsdienst‹ wie auch die
persönliche Ausrüstung zur Ersten Hilfe entsprechen nicht
mehr dem Bedrohungsszenario im Einsatz.«

Doch auch damit war es noch nicht genug. Nicht einmal
die fachärztliche Versorgung verwundeter Soldaten im
deutschen Hauptquartier in Mazar-e-Sharif war sicher-
gestellt. Obwohl die versteckten Sprengsätze der Aufständischen mit ihren Tausenden Splittern fast immer zu
schweren Verletzungen im Gesicht führen, war der »Au-
genarztdienstposten durchgängig nicht besetzt«, so Vollmer. »Durch Anschläge kam es wiederholt zu Augen-

verletzungen von ISAF-Soldaten. Die durch Anschläge
verursachten Verletzungsmuster machen die durchgängige Verfügbarkeit eines operativ tätigen Augenarztes erforderlich«, fasste Vollmer zusammen. Um die verletzten
Soldaten trotz allem versorgen zu können, »wurde ein afghanischer Augenarzt wiederholt herangezogen«. Vollmer riet sogar dazu, den afghanischen Arzt dauerhaft an-
zuheuern, »da keine Aussicht auf eine verlässliche
Besetzung des Augenarztdienstpostens« mit einem deutschen Mediziner bestand. Gegen einen gut ausgebildeten
afghanischen Augenarzt ist fachlich natürlich nichts ein-
zuwenden. Allerdings ist es so, dass die meisten Soldaten
nach einem IED-Anschlag schwer traumatisiert sind. Ein
regelmäßiges Symptom des Traumas ist ein tiefes Misstrauen, wenn nicht sogar Furcht gegenüber den Einheimischen, die im Empfinden der Soldaten für die Anschläge
verantwortlich sind. Es ist also nicht unbedingt sinnvoll,
die medizinische Erstversorgung in afghanische Hände zu
legen.

Zeitweise, so ergibt es sich aus zahlreichen Berichten,
herrschte bei den deutschen Soldaten in Afghanistan Man-
gelwirtschaft wie in einer alten Sowjetrepublik. Immer
wieder flehten deutsche Kommandeure ihre Vorgesetzten
in Deutschland um mehr Hubschrauber an, um Soldaten
schnell und für den Feind überraschend in ein umkämpf-
tes Gebiet transportieren zu können. Zwar hat Deutschland Milliarden in die Entwicklung neuer Transport- und
Kampfhubschrauber (NH90 und Tiger) investiert. Aber in
Afghanistan einsetzbar sind die teuren Fluggeräte aufgrund zahlreicher Mängel nicht. Ein interner Bericht des
Heeres listet die Fehlkonstruktionen des Transporthub-

schraubers NH90 auf. Weil die Heckrampe zu schwach konstruiert ist, können Soldaten mit Ausrüstung nicht darüber ein- oder aussteigen. Der Boden im Innenraum ist so druckempfindlich, dass er nicht »infanterietauglich« ist – schmutzige Kampfstiefel würden ihn beschädigen. Die Anbringung eines Maschinengewehrs für den Bordschützen (»Doorgunner«), so heißt es in der Bewertung des NH90, ist aus Platzgründen »unzweckmäßig«. Der Bericht kommt zu einem vernichtenden abschließenden Urteil: »Wann immer möglich, sind alternative Luftfahrzeuge zur Verbringung von Infanteriekräften zu nutzen.«

Der ehemalige Kommandeur der Quick Reaction Force, Oberst Michael Matz, fasst die Hubschrauber-Misere so zusammen: »Wir wissen, dass es den NH90 und den Tiger gibt. Es sind hervorragende Fluggeräte. Aber der eine hat das Wort ›Transport‹ im Namen und kann es nicht. Der andere hat das Wort ›Kampf‹ im Namen und kann es nicht. Also haben wir sie nicht.«

Über Monate hinweg fehlten auch die technischen Geräte, mit denen deutsche Soldaten bei Nacht für befreundete Bomberpiloten am Himmel erkennbar gewesen wären. Immer wieder bemängelten hohe Offiziere, dass sie nicht ausreichend gepanzerte Fahrzeuge hatten und Soldaten deswegen entweder gar nicht oder nur in leicht gepanzerten Fahrzeugen auf Patrouille schicken konnten.

Natürlich gibt es auch bei anderen Armeen Missstände und Mängel bei der Ausrüstung, nicht nur bei der Bundeswehr. Aber gerade die Deutschen mit ihrem überschaubaren Kontingent von rund 5000 Soldaten, ihrer riesigen Logistikbasis in Mazar-e-Sharif mit Flughafen und guter Straßenanbindung sowie einer der leistungsstärksten

Volkswirtschaften der Welt im Hintergrund hätten mehr tun können, mehr tun müssen, um die denkbar besten Umstände für die Soldaten im Einsatz zu schaffen. Als der Norden Afghanistans noch ruhig und stabil war, hätte man in aller Ruhe Kräfte und Investitionen aus dem trägen deutschen Verteidigungsapparat nach Afghanistan verlagern können. Man hätte Ausbildung und Ausrüstung auf den Krieg des 21. Jahrhunderts abstimmen müssen. Man hätte eine schlanke, schlagkräftige, gut ausgestattete Armee schaffen können, die für den Kampf gegen Aufständische und Fundamentalisten gerüstet und vorbereitet gewesen wäre.

Allein, es fehlte der Wille.

DUELL

Es ist der 4. Juni 2009, und von der Ortschaft Basoz nahe Kunduz hat in Deutschland noch nie jemand gehört. Daniel Seibert, 30 Jahre alt, ist am Vormittag zum Hauptfeldwebel befördert worden. Nun steht er in diesem Dorf unter schwerem Beschuss. Eine Horde Taliban-Kämpfer versucht, seine Soldaten einzukesseln. Maschinengewehrfeuer dröhnt zwischen den Lehmwänden der Hütten und Gehöfte. Panzerfaustgranaten schlagen links und rechts von Hauptfeldwebel Seibert ein. Die Szenerie mutet an wie der Schlussakt eines Actionfilms aus Hollywood. Die deutschen Maschinengewehrschützen auf ihren gepanzerten Fahrzeugen sehen Wellen von Angreifern auf sich zustürmen und jagen ihnen Garben aus ihren schweren Waffen entgegen. Sie sehen, wie die Taliban nur ein paar Meter entfernt getroffen ins Gras stürzen und in die Bewässerungsgräben, die in Basoz entlang der staubigen Straße verlaufen. Es ist ein Donnerstag, kurz nach 14 Uhr, gegen halb elf morgens in Deutschland. Fast 50 Grad Hitze drücken auf die platte Ebene bei Basoz, den Soldaten läuft der Schweiß aus den Helmen in die Gesichter, der jüngste von ihnen ist gerade mal 19 Jahre alt. Seibert steht mit einem anderen Soldaten an der Straße und brüllt Kommandos in den Schlachtenlärm. Aus den Augenwinkeln sieht er, wie eine Gruppe Taliban von links auf sie zuläuft. Einer der Kämpfer hebt seine Kalaschnikow und feuert aus rund 25 Metern in kurzen Salven. Die pfeifenden Kugeln zerfetzen den Gewehr-Trageriemen eines deutschen Soldaten, schlagen ihm ein Stück aus der Schuhsohle. Seibert hebt sein Gewehr. Es ist ein Duell.

»Wenn jemand aus 25 Metern auf dich schießt und immer näher auf dich zukommt, musst du dich entscheiden. Entweder er oder ich – Leben oder Tod. Mein Gegenfeuer hat dafür gesorgt, dass der Mann auf niemanden mehr eine Waffe richten wird. Ich habe ihn erschossen.«

Rund anderthalb Stunden dauert das schwere Gefecht. Alle Fahrzeuge der deutschen Soldaten werden beschädigt, von Granaten und Gewehrsalven getroffen. Die Lehmwände in dem Dorf sind von Einschusslöchern übersät, Bäume sind zersplittert. »Der Feind hatte eine Menge Tote zu beklagen«, erzählt Seibert.

Alle Deutschen hingegen bleiben unverletzt. Kein Verwundeter, kein Gefallener. Es ist ein kleines Wunder. Ausgelaugt und zugleich aufgepumpt vom Adrenalin, kehren sie zurück ins Feldlager Kunduz. Unter den Männern herrscht etwas, was die Amerikaner als »Locker-Room-Stimmung« bezeichnen würden. Die erschöpfte Euphorie einer Fußballmannschaft in der Kabine nach einem dramatisch gewonnenen Spiel. Das kalte Bier an so einen Abend schmeckt besser als je zuvor im Leben, man erzählt die Geschichte vom Tag wieder und wieder, die Soldaten stehen im Bann der Kameradschaft, nachdem sie so etwas gemeinsam durchgestanden haben. Unbesiegbar und unbeschreiblich lebendig habe man sich gefühlt, erzählt einer der Soldaten. »Es war einfach geil, am Leben zu sein.«

In Deutschland nahezu unbemerkt, feiern die Soldaten in Kunduz einen großen Sieg. Verteidigungsminister Karl-Theodor zu Guttenberg verleiht dem Hauptfeldwebel Seibert im Januar 2010 das Ehrenkreuz für Tapferkeit.

Drei Monate später verlässt die deutschen Soldaten das Glück. »Der Tag, den wir immer befürchtet und doch darauf gehofft haben, dass er niemals kommt«, wird es in einer Trauerrede heißen. Der Tag ist Karfreitag, »ausgerechnet dieser vordergründig trostloseste aller Tage«, sagt Verteidigungsminister Guttenberg später. Wieder geraten deutsche Soldaten in einen Hinterhalt der Taliban, es ist 13 Uhr 04 in Afghanistan, in den Kirchen Deutschlands laufen gerade die Karfreitagsmessen. Dieses Mal verfehlen die Kugeln der Aufständischen ihre Ziele nicht.

Früh im Gefecht wird der Stabsgefreite Robert Hartert getroffen, er verliert das Bewusstsein. Ein weiteres Projektil durchschlägt den Helm des Hauptgefreiten Martin Augustyniak. Die Kugel verliert dabei so viel von ihrer tödlichen Wucht, dass der Hauptgefreite leicht verletzt weiterkämpfen kann. »Glückstag«, sagt er. Nur anderthalb Stunden später sterben Augustyniak und der Hauptfeldwebel Nils Bruns, als ein versteckter Sprengsatz direkt neben ihnen explodiert.

Acht deutsche Soldaten werden an diesem Karfreitag verwundet, vier von ihnen schwer.

Das Verteidigungsministerium informiert die Abgeordneten des Bundestags, noch während die deutschen Soldaten kämpfen. Von »Beinschüssen« und »Schädel-Hirn-Verletzungen« ist in der Unterrichtung die Rede. »Beim Lösen vom Feind kam es zu einem IED-Anschlag mit weiteren drei schwerverwundeten deutschen Soldaten. Alle verwundeten deutschen Soldaten wurden in das Feldlager Kunduz verbracht.« Dort seien drei deutsche Soldaten »ihren Verwundungen erlegen«.

Einen halben Tag lang tobt das Gefecht. Als es dunkel wird, betrauern die Deutschen im Feldlager Kunduz ihre Toten. Die betroffene Einheit, das Fallschirmjägerbataillon 373, ist erst seit wenigen Wochen in Afghanistan.

Im sächsischen Wilsdruff klingeln ein Offizier und ein Geistlicher an der Haustür der Familie Hartert. Ihr Sohn ist als Fallschirmjäger in Kunduz. Robert Hartert wollte seit der sechsten Klasse Soldat werden. Er ist 25 Jahre alt. Als die Harterts die uniformierten Männer vor ihrer Haustür sehen, wissen sie, dass etwas geschehen sein muss. Sie wissen, dass etwas mit Robert ist.

Sie öffnen die Haustür und erfahren, dass ihr Sohn im Kampf gefallen ist.

Fünftes Kapitel

DU SOLLST NICHT STEHLEN

Die Deutschen haben die Jahre des Krieges in Afghanistan immer wieder genutzt, um sich bei ihren Verbündeten unbeliebt zu machen. Faul, feige, verfressen, bürokratisch – gerade unter britischen und amerikanischen Soldaten erzählt man sich gern Geschichten voller Häme über die deutschen Kameraden im Norden des Landes.

Im Dezember 2007 erschien die britische Boulevard-Zeitung *The Sun* mit der Schlagzeile »Germans play as our boys fight« (»Die Deutschen spielen, während unsere Jungs kämpfen«). Garniert war der Artikel mit Fotos von gut gelaunten deutschen Soldaten, die in Mazar-e-Sharif um einen Tischkicker herumstanden. Die Zeitung zitierte aus einem angeblich geheimen Schreiben deutscher Kommandeure in Afghanistan. Darin hieß es, es wäre besser, nicht zu ausführlich über eine größere deutsche Operation im Norden Afghanistans zu berichten – sie würde kläglich erscheinen im Vergleich zu den schweren Kämpfen, die britische Soldaten in den südlichen Provinzen des Landes durchstanden. »Das würde die Diskussion über die Kuchen essenden Deutschen im Norden nur weiter befeuern«, schrieben die deutschen Kommandeure angeblich. Die *Sun* feuerte die Stimmung im eigenen Land gegen die Bundeswehr noch weiter an und zitierte einen anonymen NATO-Offizier: »Jeder weiß, dass die Deutschen hier völlig nutzlos sind. Und jetzt geben sie es sogar selber zu.«

Bevor die Situation in Kunduz eskalierte, waren die Deutschen weniger für ihre Kampfkraft und mehr für ihr gutes, deftiges Essen sowie ihre stets gefüllte Bar bekannt. Und das nicht ganz zu Unrecht. Im November 2008 listete ein Staatssekretär im Verteidigungsministerium detailliert auf, was die Soldaten der Bundeswehr in Afghanistan so vertranken: »Im Jahr 2007 wurden Bier und Biermixgetränke im Wert von ca. 1415000 Euro (entspricht rund 990000 Litern) sowie Wein und Sekt im Wert von ca. 315000 Euro (entspricht rund 69000 Litern) geliefert«, schrieb das Verteidigungsministerium in der Antwort auf eine parlamentarische Anfrage. »Im ersten Halbjahr 2008 betrug der Wert der Lieferung von Bier und Biermixgetränken ca. 802000 Euro (entspricht rund 512000 Litern), der Wert der Lieferung von Wein und Sekt belief sich auf ca. 181000 Euro (entspricht rund 42000 Litern).«

Besonders die US-Soldaten blickten neidisch auf die sogenannten »Betreuungseinrichtungen« ihrer deutschen Alliierten. Die Amerikaner dürfen im Einsatz keinen Tropfen Alkohol trinken, bei den Deutschen gilt bis heute die »Zwei-Dosen-Regelung«. Zwei Dosen Bier am Abend sind erlaubt.

Es könne nicht darum gehen, die eigenen Leistungen durch Gefallene zu unterstreichen, betonten deutsche Kommandeure immer wieder. Aber tatsächlich entstand bei vielen anderen Nationen der Eindruck, dass die Deutschen es sich im ruhigen Norden gutgehen ließen und dabei verhältnismäßig wenig Tote zu beklagen hatten. Es ist eine traurige Realität, dass Armeen und Soldaten Leistung eben auch am gezahlten »Blutzoll« bemessen.

»Was ist aus den Deutschen von Clausewitz geworden?«, fragte uns ein Hauptmann der amerikanischen Marineinfanteristen, der Geschichte studiert hatte. Einer seiner Soldaten fasste die Vorbehalte gegen die Soldaten der Bundeswehr etwas volkstümlicher zusammen: »Mein Opa hat Hitler in den Arsch getreten, damit ihr in Frieden leben könnt. Wäre nett, wenn ihr uns jetzt auch mal helfen könntet.«

Statt zu helfen, waren deutsche Politiker und hochrangige Soldaten immer vorn mit dabei, wenn es darum ging, die Amerikaner für ihr rabiates Vorgehen im umkämpften Süden und Osten des Landes zu kritisieren, sie für verheerende Luftangriffe und getötete Zivilisten an Checkpoints abzumahnen. Wenn ihr es besser könnt, dann kommt doch endlich raus aus dem ruhigen Norden und kämpft mit uns, war die Antwort der Verbündeten. Und die Entwicklung des Konflikts gibt ihnen Recht. Je häufiger die Bundeswehr in Kunduz unter Beschuss geriet, desto gröber setzte sie sich zur Wehr. Beim Luftangriff auf die Tanklaster am 4. September 2009 starben zahlreiche Zivilisten. Als am 2. April 2010 drei deutsche Fallschirmjäger fielen, schossen nervöse Soldaten nur Stunden später ein afghanisches Armee-Fahrzeug zu Schrott – sechs afghanische Soldaten verloren dabei ihr Leben.

Die Deutschen mussten die Realitäten des Krieges bitterlich lernen; dass sie unter Druck ebenso tragische Entscheidungen treffen würden wie die Amerikaner, die man sehr lange als schießwütige Cowboys kritisiert hatte; dass sie Zivilisten töten und sich doch im Recht fühlen würden. Obwohl man die Amerikaner lange für ihre vernichtenden Luftangriffe getadelt hatte, gilt Oberst Georg Klein vielen deutschen Soldaten als entschlossen handelnder Held. Kurz nach dem Angriff auf die Tanklastzüge kursierten im deutschen Feldlager in Mazar-e-Sharif T-Shirts, auf die zwei Tanklaster gedruckt waren. Darunter stand das Bibelzitat »Thou shalt not steal«.

Du sollst nicht stehlen.

Auch der »Blutzoll« spielt für die Bundeswehr plötzlich doch eine Rolle. Seit deutsche Soldaten immer häufiger in schwere Gefechte geraten, seit immer mehr Deutsche mit grauenvollen Verwundungen heimkehren oder gar »mit der Waffe in der Hand« fallen, treten die deutschen Offiziere im ISAF-Hauptquartier in Kabul wieder deutlich selbstbewusster auf. Man kann es abstreiten und verleugnen, aber »Unsere Jungs sterben für diese Sache« ist nun mal das mächtigste Argument in der Welt des Militärs. Die Deutschen trauern nicht mehr bloß um die Kameraden anderer Nationen, sie werden auch wieder betrauert – die höchste Auszeichnung in der Welt des Krieges, wo Rituale alles bedeuten. Als insgesamt sieben deutsche Soldaten im April 2010 fielen, standen auch amerikanische Soldaten Spalier, um den Särgen mit den deutschen Kameraden das letzte Geleit zum Flugzeug zu geben.

»Wir sind jetzt eine Familie«, sagte uns der amerikanische Sergeant Antonio Gattis. »Die Deutschen können stolz auf ihre Soldaten sein. Wir haben gesehen, wie professionell sie gekämpft haben. Sie verdienen den Respekt ihres Landes.«

Nach acht Jahren, in denen die Kontrolle über den Norden den Deutschen immer mehr entglitt, muss man diese Frage stellen: Wie gut sind die Soldaten der Bundeswehr? Es geht nicht darum, ob sie tapfer sind – das haben sie in Hunderten Gefechten bewiesen. Viel wichtiger ist die Frage, ob sie ausreichend geschult sind für das, was die Amerikaner »Small Wars« nennen. Für die kleinen Kriege des neuen Jahrtausends, in denen es darum geht, einen fanatischen Feind militärisch zu besiegen und gleichzeitig die Politik auf der untersten Ebene, in rückständigen Dörfern und maroden Kleinststädten eines fremden Landes, zu beeinflussen und soziale Strukturen aufzubauen. Ein Soldat muss heute weniger ein »bewaffneter Entwicklungshelfer« sein, als vielmehr ein Diplomat im Krieg. Er muss Machtstrukturen lesen und nutzen und dabei auch noch am Leben bleiben. Er muss entscheiden, wem er vertraut – und eine falsche Entscheidung kann das Leben seiner Kameraden kosten.

Ein 20-jähriger Hauptgefreiter, der in einem afghanischen Dorf während der islamischen Fastenzeit auch nur eine Zigarette raucht, kann durch diese respektlose Geste die Bevölkerung gegen sich aufbringen und eine ganze Region destabilisieren. Wer bei einer Hausdurchsuchung einen Koran berührt oder gar achtlos in eine Ecke wirft, kann damit die Aufbauarbeit von Monaten zunichte machen. Andererseits kann die Hausdurchsuchung vielleicht deutsche Leben retten.

Sind die jungen Männer (und wenigen Frauen) darauf vorbereitet, solche Entscheidungen zu treffen? Kann man von ihnen wirklich verlangen, dass sie das komplizierteste und zugleich kriegerischste Land der Welt befrieden, während zu Hause das ganz normale Leben, Freunde und Familie sie sehnlich zurückerwarten?

»Wenn Afghanistan wirklich das drängendste Problem der Welt ist«, sagte uns ein amerikanischer Oberstleutnant in der Provinz Helmand, »dann schicken wir verdammt junge Kerle, um sich darum zu kümmern.«

Unter Diplomaten in Kabul kursiert ein beliebter Trinkspruch, den man sich beim mühsam eingeflogenen Bier zuruft: »Wenn einer glaubt, dass er Afghanistan verstanden hat, wird es Zeit für ihn, nach Hause zu fahren.« Kann man da von jungen Soldaten verlangen, dass sie dieses Land verstehen, verändern, verbessern? Und sind sie wirklich vorbereitet auf das, was sie in Afghanistan erwartet?

Der schwerstwiegende Mangel bei der Ausbildung der deutschen Soldaten ist wohl, dass man ihnen die Taliban jahrelang als isolierte Gruppe von Krawallmachern dargestellt hat. »95 Prozent der Menschen in Afghanistan mögen uns und wollen, dass wir hier sind. Es sind nur fünf Prozent, die immer wieder Ärger machen.« Diese Sätze wurden jahrelang als Mantra zur Einsatzvorbereitung gebraucht. Immer wieder hörte man sie von jungen deutschen Soldaten. Eingebläut und eingetrichtert in langen Monaten des Trainings, bevor sie nach Afghanistan zogen.

Natürlich waren diese Sätze unendlich weit entfernt von der Realität. Aber die absurde Rechnung hatte doppelte Wirkung. Sie sollte einigermaßen beruhigend auf die Soldaten wirken. Und sie sollte dem Einsatz eine weitere Rechtfertigung verleihen: Die internationalen Soldaten, die eine große Gruppe von schwachen Afghanen vor einer radikalen Splittergruppe schützen, die sich schwer bewaffnet dem Wiederaufbau in den Weg stellt.

Man könnte auch sagen, dass man die deutschen Soldaten bewusst dumm hielt, damit sie nicht allzu sehr vor der überwältigenden Schwierigkeit ihres Auftrags zurückschraken. Dabei machten die vermeintlichen Weisheiten über die afghanische Bevölkerung den Einsatz nur gefährlicher. Denn nichts schützt in einem Guerilla-Krieg besser als Wissen und ein tiefes Verständnis für das Land und die sozialen Strukturen.

»Die Leute hier winken dir zu und schießen dir im nächsten Moment in den Rücken«, sagte uns ein Hauptfeldwebel im Sommer 2009 in Kunduz. Enttäuschung lag in seiner Stimme. Viel zu lange ließ man die deutschen Soldaten mehr oder weniger ahnungslos auf das unübersichtlichste Schlachtfeld seit Vietnam tappen. Man sagte ihnen, dass ein winkender Afghane ein zufriedener, ungefährlicher Afghane sei. Und das ausgerechnet in Kunduz, wo fast 40 Prozent der Bevölkerung zum Volksstamm der Paschtunen gehört, der Stamm der Taliban. Seit Jahrhunderten dulden die Paschtunen keine Fremden auf ihrem Boden, seit Jahrhunderten haben sie noch jeden Eindringling vertrieben. Gleichzeitig ist den Paschtunen nichts heiliger als das Gastrecht gegenüber ihren Stammesbrüdern. Wenn ein Taliban an eine Tür klopft, kann er sich darauf verlassen, dass man ihn versteckt, ihm Unterschlupf gewährt, ihn niemals verrät. In dieses Umfeld warf die Politik Tausende weitgehend ahnungslose Soldaten, die erst im Einsatz begriffen, dass sie bei den Einheimischen nicht so beliebt waren, wie man ihnen zu Hause noch erzählt hatte. Erst auf Patrouille in den Dörfern der Provinz Kunduz merkten sie, dass es nahezu unmöglich war, brauchbare Hinweise von den Menschen zu bekommen.

Kurz nach der Bombardierung der Tanklaster vernahm das Ermittlerteam der NATO auch den für Feindaufklärung zuständigen Offizier von Oberst Klein. Man wisse gerade mal, was in einem Umkreis von zweieinhalb Kilometern um das deutsche Feldlager in Kunduz so geschehe, sagte der Mann aus. Hinter der Grenze herrschten die Taliban nahezu unbehelligt und unbeobachtet.

Ein Leutnant in Kunduz drückte es einfacher aus: »Wir laufen da rum wie die Frisöre und haben keine Ahnung, wer unser Freund und wer unser Feind ist. Ich traue hier niemandem. Keinem Politiker, keinem Polizisten, keinem Soldaten, keinem Bauern. Ich traue nur meinen eigenen Jungs. Und wenn jemand auf uns schießt, kriegt er es von uns besorgt.«

Die deutschen Soldaten waren nur so gut, wie die Politik es zuließ. Ausgebildet und vorbereitet entlang innenpolitischer Vorgaben, Träumereien und Wirklichkeitsverdrängung und nicht an afghanischen Realitäten.

Dr. David Kilcullen ist einer der Väter der »Counterinsurgency«. Der Australier beriet die amerikanischen Generale im Irak, als das Land und der Krieg schon verloren schienen. Sein Buch *The Accidental Guerilla* gilt als Standardwerk bei der Ausbildung amerikanischer Offiziere. »Wenn die Deutschen in Afghanistan Erfolg haben wollen, müssen sie ihr historisches Gepäck hinter sich lassen«, sagt Kilcullen. »Auch die Amerikaner haben mit Vietnam so eine Last zu tragen, die Franzosen mit Algerien. Sie alle müssen das hinter sich lassen und sich den neuen Realitäten stellen.«

Das Wichtigste, so Kilcullen, sei ein wirkliches, tiefgreifendes Verständnis für das Land, die Stammeskultur, die

Menschen. »Wenn man im Feldlager bleibt, ist man zwar in Sicherheit, aber man kann nicht gewinnen. Die Aufstandsbekämpfung hat zwei entscheidende Grundlagen. Erstens muss man enge Partnerschaften mit den Einheimischen eingehen. Zweitens muss man Zivilisten mit Respekt behandeln. Je mehr Zivilisten man tötet, desto schwieriger wird es, beständige Partnerschaften einzugehen.« Nur wissen die Deutschen meistens gar nicht, wer Zivilist ist und wer nicht. Sie wissen nicht, wem sie so weit vertrauen können, dass sich Partnerschaften wirklich lohnen.

»Den deutschen Analysten«, schrieb Brigadegeneral Jörg Vollmer in einem seiner Berichte, seien »oftmals Verfahren, Abläufe und Besonderheiten des Einsatzes nicht bekannt … Es ist zwingend erforderlich, dass die Analysten bereits vor Einsatzbeginn wissen, welchen regionalen Bereich sie im Einsatz bearbeiten, und hierauf gezielt vorbereitet werden.« Eben jene Analysten, deutsche Aufklärungsoffiziere, sollten beurteilen, wer Freund und wer Feind ist. Ausgebildet waren sie dafür offenbar nicht. Die meisten deutschen Soldaten sind ohnehin nur drei bis vier Monate in Afghanistan – viel zu kurz, um persönliche Vertrauensverhältnisse zu lokalen Anführern und Dorfältesten aufzubauen. Kaum haben sich die Afghanen an einen Deutschen gewöhnt, ist er auch schon wieder weg.

»Es geht vor allem darum, den Afghanen gegenüber zuverlässig zu sein«, sagt Kilcullen. »Man muss ihnen das liefern, was sie wirklich brauchen. Sie wollen verlässliche Ansprechpartner, die sich um Rechtssicherheit und Streitschlichtung kümmern.« Dabei ist es sehr schwer, zuverlässig zu sein, wenn man nur ein paar Wochen im Land ist und jeden Tag um sein Leben fürchten muss.

»Unsere Soldaten sind hervorragende Kämpfer und Infanteristen«, sagt ein früherer deutscher Kommandeur in
Kunduz, einer der Vorgänger von Oberst Georg Klein.
»Wenn man sich anschaut, wie viele schwere Gefechte wir
zu bestehen hatten und wie gering unsere Verluste dabei
waren, kann man vor unseren Soldaten nur den Hut ziehen. Aber sie sind eben nicht dafür ausgebildet, in diesem
Umfeld ein Land wieder aufzubauen. Die meisten wollen
hier nur so schnell und heil wie möglich wieder weg. Ich
kann die Jungs verstehen. Wer hat schon Lust, in einem
Dorf zu helfen, in dem er zum Dank immer wieder beschossen wird?«

Die deutschen Soldaten sollten ein Land verstehen und
neu aufbauen. Aber das Personal, das sie dringend für ihre
Mission benötigten, bekamen sie nicht. Brigadegeneral
Jörg Vollmer beklagte sich im April 2009 beim Einsatzführungskommando darüber, dass ihm »keine interkulturellen
Einsatzberater« zur Verfügung standen. »Dies ist gerade
in einem Land wie Afghanistan nicht akzeptabel. Im hie-
sigen Kulturkreis ist die Kenntnis landestypischer Besonderheiten oftmals entscheidend für den Ausgang von Gesprächen und Verhandlungen auf Augenhöhe. Obwohl ...
bereits im Oktober 2008 Abhilfe angekündigt wurde, ist
dies bislang nicht geschehen.« Selbst der ranghöchste
deutsche General im Einsatzgebiet hatte niemanden, den
er zu den Eigenarten des Landes befragen konnte.

Als wir im Sommer 2009 deutsche Soldaten in Kunduz
begleiteten, sollte eine kleine Einheit in ein Dorf vor-
rücken und herausfinden, warum die Taliban die örtliche
Schule geschlossen hatten und ob die Aufständischen noch
in der Gegend wären. Mit einem Dolmetscher fuhr ein

deutscher Major in das Dorf. Die Straßen waren ausgestorben, ein alter Mann zerrte hektisch einen Esel hinter sich her. Kein Kind spielte draußen, niemand arbeitete auf den Feldern. All das waren klare Zeichen dafür, dass die Taliban sich irgendwo in der Nähe versteckten. Die Dorfbewohner schienen einen Kampf zu fürchten und gingen in ihren Häusern in Deckung.

Es dauerte einige Minuten, bis wir einen Afghanen trafen, der einsam an der Straße stand. Der afghanische Dolmetscher stellte dem offenkundig verängstigten Mann ein paar Fragen. Er antwortete zaghaft. Dann versuchte der Dolmetscher zu übersetzen. Er sprach kein Deutsch, sondern nur brüchiges Englisch. Der deutsche Major, der ebenfalls kaum Englisch sprach, verstand so gut wie gar nichts. Mit Händen und Füßen versuchte der Dolmetscher zu erklären, was der verschreckte Dorfbewohner über die Taliban gesagt hatte – oder eben auch nicht. Nach ein paar frustrierenden Minuten verließen wir das Dorf wieder. Der deutsche Major hatte keine einzige brauchbare Information in seinem Notizblock. »Meine Erfahrung hier ist, dass ungefähr die Hälfte der Menschen dir die Wahrheit erzählt«, sagte er. »Die andere Hälfte nicht. Kann man sich dann aussuchen, ob man denen was glaubt.«

In seinem Bericht beschrieb Brigadegeneral Vollmer »sprachliche Barrieren bei grenzwertigem Englisch.« Weiter bemängelte Vollmer: »Die Englischkenntnisse deutscher Soldaten aller Dienstgradgruppen entsprechen oftmals nicht den Anforderungen im täglichen, multinationalen Umfeld … Die Durchsetzungsfähigkeit deutscher Interessen leidet zum Teil massiv unter den mangelnden Sprachfähigkeiten.«

Gelegentlich müssen deutsche Soldaten sogar ohne Übersetzer auf Patrouille gehen, einfach weil es nicht genügend von ihnen gibt. Solche Patrouillen sind nicht nur nutzlos und ohne Erkenntnisgewinn, sie sind auch noch unnötig riskant. Denn selbst wenn ein Afghane die Soldaten vor einem versteckten Sprengsatz oder Hinterhalt warnen wollte – die Deutschen würden ihn nicht verstehen.

Man kann von den Soldaten kaum erwarten, so gut Englisch zu sprechen, dass sie die Machtstrukturen einer afghanischen Provinz in all ihren Feinheiten und Verästelungen diskutieren könnten. Aber genau das wäre nötig, um die Strategie der ISAF umzusetzen.

* * *

Es war im späten Juni 2005, und es war Sommer in Kabul. Vor Hunderten deutschen Soldaten im »Camp Warehouse« am Rand der afghanischen Hauptstadt sollte Peter Maffay mit seiner Band auftreten. Niemand in Deutschland sprach von Krieg, der verheerende Busanschlag vom Juni 2003 war so gut wie vergessen. In Fuchs-Transportpanzern fuhren wir auf einen der höchsten Hügel Kabuls, von wo man einen spektakulären Blick über die dampfende, braune Stadt hatte. Peter Maffay saß in der offenen Dachluke des Panzers und sah mit seinem verwitterten Gesicht aus wie ein echter Panzerkommandant. Er und seine Musiker, allesamt eher keine Militär-Fans, hatten sich innerhalb kürzester Zeit von den deutschen Soldaten Uniformmützen, Hemden und Hosen geliehen und waren nur noch am lässigen Musikergang von den Männern der Bundeswehr zu unterscheiden. Die Afghanen an der

Straße winkten uns zu. Peter Maffay und die Soldaten
winkten zurück. Auf dem Hügel – wegen der vielen An-
tennen darauf »Radio Hill« genannt – hatte ein Voraus-
kommando der Bundeswehr einen Grill aufgebaut. Bei 40
Grad gab es Bratwürste, Senf, Ketchup, eiskalte Coke aus
Kühlkisten und knusprige Brötchen. Wir blickten auf die
Ruinenstadt, die es aufzubauen galt. Ein deutscher Offizier erklärte Maffay, wo welches Gebäude, Ministerium,
Militärcamp lag. Die Taliban schienen ein für alle Ewig-
keiten vertriebenes, lächerliches Schreckgespenst zu sein.
Kabul war unter Kontrolle der internationalen Truppen.
Der Duft der deutschen Würste zog über die Lehmhütten,
die an den Hang geklatscht waren.

»Ich bin absoluter Pazifist«, sagte Maffay. »Ich habe für
Waffen sehr wenig übrig. Aber man kann nur dankbar
sein, dass diese jungen Leute hier ihr Leben riskieren, um
der Bevölkerung zu helfen, wieder in Schwung zu kommen. Die Soldaten hier leisten einen nützlichen Beitrag
zum Friedenserhalt.« Wirklich geheuer schien Maffay die
Militärpräsenz allerdings nicht zu sein. »Die Afghanen
sind ein stolzes Volk«, sagte er. »Sie dürfen niemals das
Gefühl bekommen, dass ihnen jemand auf der Nase rum-
tanzt. Sie wollen nicht besetzt sein.«

Heute, ein halbes Jahrzehnt später, erscheint diese
Szene geradezu unwirklich. Die wenigen deutschen Soldaten, die noch in Kabul stationiert sind, dürfen ihr Camp
so gut wie nie verlassen, schon gar nicht, um auf den ma-
lerischen Hügeln der Stadt Schweinefleisch auf den Grill
zu werfen.

Aber damals waren es genau diese Bilder, die sich die
deutsche Politik so sehnlich herbeiwünschte (und die von

uns Journalisten geliefert wurden). Deutsche Soldaten taten Gutes und waren so beliebt, dass sie inmitten dieses eigentlich feindseligen Landes ein Barbecue veranstalten konnten. Mit 29 Gefallenen war dieser Juni im Jahr 2005 der bis dahin verlustreichste Monat für die internationale Truppe in Afghanistan. Aber es fiel noch leicht, dies zu ignorieren. Die US-Amerikaner hatten die meisten Toten zu beklagen. Die deutsche Politik sowie die Führung der Bundeswehr lebten noch bequem in dem Gedanken, dass der Krieg die Deutschen schon nicht treffen würde. Mit Anflügen von Häme beobachtete man in Deutschland das amerikanische Debakel im Irak. So etwas konnte den deutschen Soldaten in Afghanistan nicht passieren. Schließlich war man nett zu den Einheimischen, allseits beliebt und führte sich nicht auf wie Billy the Kid.

An jenem Abend gab Peter Maffay ein umjubeltes Konzert im »Camp Warehouse«. Die Soldaten schwenkten ihre Feuerzeuge zu *Und es war Sommer*, auf den Dächern des Containerdorfs, das die Bühne einrahmte, hatten junge Männer Liegestühle aufgestellt. Sie saßen da mit freiem Oberkörper und tranken Bier, während über den roten Bergen der Mond aufging. »Wir werden in Deutschland davon reden, wie wertvoll die Arbeit ist, die ihr hier leistet unter Einsatz eures Lebens«, rief Maffay der begeisterten Truppe zu.

Es war eine Szene aus der schönen neuen Welt des bewaffneten Auslandseinsatzes. Genau so stellte sich die deutsche Politik ihre Soldaten vor: entspannt, gut gelaunt, beliebt und braungebrannt. Als wir, wie schon an früherer Stelle berichtet, über die »Sturmgewehre« der Soldaten im Publikum schrieben, rüffelte uns der Presseoffizier für dieses martialische Wort. Nichts sollte das Bild der neuen, freundlich und gesittet auftretenden deutschen Armee stören.

Konnte man schon damals, 2005, die dramatische Entwicklung in Afghanistan vorausahnen? Vermutlich wäre das zu viel verlangt gewesen. Allerdings versäumten es die Spitzen des Militärs (und die politische Führung), die Soldaten in verhältnismäßig ruhigen Zeiten auf neue Bedrohungen vorzubereiten. »Hope for the best, prepare for the worst« – diesem Grundsatz folgte man bei der Bundeswehr leider nicht. Zwar war man sich einig, nach dem 11. September die deutsche Freiheit am Hindukusch verteidigen zu müssen. Doch gab es keinen wirklichen Plan, wie man gegen den offenkundig fanatischen Feind vorgehen sollte, wenn der sich einmal ernsthaft wehren würde. Man hätte die ersten Erfahrungen in Afghanistan durchaus nutzen können, um die Bundeswehr neu auszurichten. Weg von der Abwehr-Armee gegen russische Panzerverbände, hin zu einer kleineren Truppe mit mehr Infanteriekräften. Soldaten, die darauf spezialisiert sind, in dicht besiedelten Gebieten zu operieren und zu kämpfen. Junge Offiziere, die an der Mentalität des neuen fundamentalistischen Feindes geschult sind. Doch stattdessen verließ man sich darauf, dass eben jene Fanatiker, die das World Trade Center mit zivilen Flugzeugen attackiert und zum Einsturz gebracht hatten, mit den wohlmeinenden Methoden der Entwicklungshilfe zu vertreiben wären. Auf die Amerikaner, die schon 2005 im Süden und Osten Afghanistans schwere Kämpfe austrugen, blickte man im Bundesverteidigungsministerium besserwisserisch herab. Der Auftritt von Peter Maffay in Kabul war symptomatisch

für den sorglosen Umgang mit den Kriegsszenarien des
neuen Jahrtausends.

Im Juni 2009, genau vier Jahre später, knöpfte sich der
damalige Generalinspekteur Wolfgang Schneiderhan
seine Truppe vor. Ausgerechnet auf einer Veranstaltung
des Bundeswehrverbandes – der Gewerkschaft der Soldaten – wetterte er gegen mangelnde Disziplin und Ver-
weichlichung. Die Soldaten, so Schneiderhans Beobach-
tung, würden im Dienst ein »Rundum-Wohlfühlangebot
mit Erfolgserlebnis« erwarten. Es gebe so viele Zuständig-
keiten, dass »sich keiner mehr zuständig fühlt«. Es werde
»auf hohem Niveau« gejammert. Schneiderhan, der immerhin schon seit sieben Jahren Generalinspekteur war,
stellte auch die Frage, ob »die richtigen Leute in der
Bundeswehr Spieß und Chef sind«. »Dem Berufssoldaten,
der darüber klagt, dass er nun zum dritten Mal im Einsatz
ist«, mahnte Schneiderhan, »dem sollten wir sagen, dass
es da keine Abhilfe gibt, weil das eben zu seinem Beruf
geworden ist.«

Den Zeitpunkt für seine Standpauke hatte Schneiderhan
höchst eigenwillig ausgewählt. Sechs Wochen zuvor war
der Hauptgefreite Sergej Motz bei Kunduz gefallen, getroffen von der Granate einer Panzerfaust. Nur zwei Wochen vor Schneiderhans Rede war es zu jener dramati-
schen Duellsituation gekommen, für die Hauptfeldwebel
Seibert später den Tapferkeitsorden bekommen sollte.
Fast täglich kämpften deutsche Soldaten in Kunduz ums
Überleben. Aber wer dem ranghöchsten Soldaten der Bundeswehr zuhörte, konnte durchaus den Eindruck bekommen, in Afghanistan sei eine weinerliche Truppe von Pfad-
findern unterwegs.

Allerdings trugen Bundeswehrverband und zahlreiche Soldaten auch selber zum Image der wehleidigen Krieger bei. Am 9. Februar 2010 ging im Verteidigungsausschuss des Deutschen Bundestags ein alarmierender Brief des damaligen Wehrbeauftragten ein. Reinhold Robbe schrieb von »erniedrigenden und herabwürdigenden« Ritualen beim Gebirgsjägerbataillon 233 in Mittenwald, einer der Eliteeinheiten der Bundeswehr (auch Verteidigungsminister Karl-Theodor zu Guttenberg absolvierte seinen Wehrdienst bei den »Mittenwaldern«). Nun berichtete Robbe von aus seiner Sicht untragbaren Zuständen. Ein Wehrpflichtiger habe sich bei ihm beschwert, weil er von anderen Soldaten zu mehreren »Prüfungen bei erheblichem aufgezwungenem Alkoholkonsum« gedrängt worden war. Er sei, so Robbe, »gezwungen worden, Rollmöpse mit Frischhefe und später rohe Schweineleber zu essen.«

Ebenfalls am 9. Februar 2009 veröffentlichte das United States Marine Corps offizielle Werbefotos der besonderen Art. Die Bilder zeigten amerikanische Marineinfanteristen beim Überlebenstraining im thailändischen Dschungel. Um die Ausbildung zu bestehen, mussten die Marines das Blut einer Kobra trinken, der man gerade den Kopf abgehackt hatte. Die Bilder zeigen auch Soldaten, die angeekelt Frösche, Lurche und Skorpione verspeisten. Wohlgemerkt Fotos, die junge Männer für den entbehrungsreichen Dienst bei den Marineinfanteristen begeistern sollten.

Die Marines warben mit Soldaten, die im Urwald Schlangenblut tranken, während in Deutschland ein Testosteron-reiches Ritual mit einem Stück Schweineleber und ein paar Rollmöpsen einen politischen Skandal auslöste. Tagelang berichteten alle Zeitungen und Nachrichtensendungen über die »Rollmops-Affäre«. Auch ein Zeichen dafür, wie wenig das Wunschbild der Deutschen von ihren Soldaten und die Realität zusammen passen. Natürlich gibt es solche Rituale bei allen elitären Kampfeinheiten der Welt. Sie helfen dabei, eine Gemeinschaft zu formen, die im Krieg bestehen kann. Das muss man nicht befürworten. Aber es grenzt an Doppelmoral, einem Kriegseinsatz zuzustimmen und gleichzeitig die rohen Rituale der Soldatenwelt zu verurteilen.

Wenn man Soldaten in einen Krieg schickt, sollten sie möglichst gute Soldaten sein. Gute Soldaten sind nicht nur, aber auch gut darin, zu kämpfen und zu töten. Menschen, die gut darin sind zu töten, die immer wieder trainieren, wie man so schnell und effektiv wie möglich ein Leben auslöscht, werden immer ihre eigenen Regeln haben.

Die deutsche Politik, aber auch die Gesellschaft, die Medien, selbst Teile der Bundeswehr haben noch immer nicht die Frage beantwortet, ob sie gute Soldaten wollen. Menschen, die das Handwerk des Tötens gut beherrschen.

Wie gut sind die deutschen Soldaten?

»Ihre Tapferkeit steht außer Frage«, sagt General Volker Wieker, seit Januar 2010 Generalinspekteur der Bundeswehr. Damit hat er zweifelsohne Recht. Besonders die vergangenen drei Jahre haben kampferprobte Männer (und einige Frauen) hervorgebracht. Viele der Soldaten haben mehrere Einsätze in Afghanistan hinter sich. Ihre Geschichten haben nichts mit den höheren, hehren Zielen der ISAF-Mission zu tun, sondern handeln vom gnadenlosen Kampf ums Überleben.

Anfang 2010 trafen wir einen Hauptfeldwebel in Kunduz, der mit seinen Soldaten mehrere Monate schwerer

Kämpfe hinter sich hatte. Einige Male war sein Zug (rund 20 Mann) von Taliban eingekesselt und habe kurz davor gestanden, »aufgerieben und vernichtet« zu werden. Der Mann erzählte seltsam entrückt von seinen Erlebnissen. Sein Kopf war kahlgeschoren, in seinem Gesicht waren feine, freundliche Falten, vor ihm auf dem Tisch stand eine Dose Coke. Es war das erste Mal, dass wir einen deutschen Afghanistan-Veteranen trafen, dem man ansah, wie nah ihm der Krieg gekommen war. Er hatte das, was man im Vietnamkrieg den »Thousand-Yard-Stare« nannte: den kampfmüden Blick durch alles hindurch in die Ferne.

»Diese Jungs, die Taliban – die sind verdammt gut«, sagte er. »Die kennen jeden Grashalm, wenn es mal einen Grashalm gibt, jeden Stein. Die werden fast so militärisch geführt wie wir. Inzwischen haben sie gelernt, dass sie uns in einen Raum reinfahren lassen, dann irgendwo vorne dicht machen. Plötzlich fliegen dir von allen Seiten die Kugeln um die Ohren«, sagte der Hauptfeldwebel. Er grinste dabei, und als wir auch grinsten, sagte er, das sei alles andere als komisch. »Du stumpfst irgendwann ab«, sagte er. »Wenn die Kugeln nicht direkt neben dir einschlagen, hörst du irgendwann gar nicht mehr hin. Hinter dir legen sie einen Sprengsatz. Wenn du versuchst, dich zurückzuziehen, explodiert das Ding. Wir bauen da keine Schulen oder bohren Brunnen, wir kämpfen nur noch ums Überleben. Die kommen direkt auf dich zugerannt und schießen aus allen Richtungen. Unsere Bewegungsfreiheit in Kunduz ist null und wir verlieren täglich. An Bewegungsfreiheit, an Einfluss und inzwischen auch an Männern.«

Der Hauptfeldwebel war mehrfach in Kunduz im Einsatz gewesen. Er hatte mit angesehen, wie sich die Lage über die Jahre zusehends verschlechterte. Und er hatte aufgehört, die schweren Gefechte zu zählen. »Die Offiziere, die uns eigentlich führen sollen, haben meistens keine Erfahrung«, sagte er. »Sie sind viel jünger, waren häufig noch nie im Einsatz und sind viel zu akademisch ausgebildet. Die Grundlagen des Militärischen, des Kampfes, werden offenbar gar nicht mehr gelehrt. Die waren alle an der Universität, das ist ja auch schön und gut, aber mit einem Doktortitel kann ich keinen Krieg führen. Wenn ein Hauptmann mir nicht klar sagt, was seine Absicht ist, kann ich den Auftrag auch nicht umsetzen. Für mich geht es nur noch darum, meine eigenen Leute heil nach Hause zu bekommen. Wir sind offiziell hier, um die afghanische Bevölkerung zu beschützen. Aber für mich geht es zuerst um das Leben meiner eigenen Leute, dann um das Leben anderer ISAF-Soldaten. Die Afghanen kommen erst an dritter Stelle.«

Was der Hauptfeldwebel erzählte, ist einerseits typisch für eine desillusionierte Armee. Andererseits ist es typisch für ein grundsätzliches Führungsproblem der Bundeswehr.

Die meisten einfachen Soldaten in Afghanistan sehen nicht mehr die politische Dimension ihres Auftrags, den Kampf gegen terroristische Bedrohungen und die Stabilisierung des Landes. Sie sehen ausschließlich den Mann links und rechts neben sich. Sie wollen zusammen gesund nach Hause kommen. Warum sie eigentlich in Afghanistan sind, warum ihr Parlament sie in diesen Krieg geschickt hat, spielt für viele Soldaten kaum noch eine Rolle.

»Ich würde auch wieder nach Afghanistan gehen«, sagte der Hauptfeldwebel. »Aber nur wegen meiner Männer.«

Dieses »Kameraden-Syndrom« ist durch alle Zeiten hinweg eines der sichersten Anzeichen dafür, dass ein Krieg seinem Ende entgegengeht. Wenn Soldaten nicht mehr wissen, für welches übergeordnete Ziel sie kämpfen, wenn die Begründungen der Politik zu weit entfernt sind von der Realität des Kampfes, wenn der Wille zu überleben die letzte Motivation ist, lässt sich ein komplexer Krieg nicht mehr dauerhaft führen. Gerade das Konzept der »Counterinsurgency« verlangt nach Soldaten, die sich bis auf die unterste Ebene identifizieren mit ihrem militärischen Auftrag, mit dem Land, das sie befrieden sollen. Sie müssen sich vertiefen in die oft überwältigend komplizierten Details von Stammesstrukturen, Machtinteressen und Beziehungsgeflechten. Aber der tägliche Überlebenskampf lässt weder Raum noch Zeit dazu.

Grundsätzlich leidet die Bundeswehr darunter, dass ihr Führungspersonal so gut wie keine Kampf- und relativ wenig Einsatzerfahrung hat, besonders im unübersichtlichen Bereich der Aufstandsbekämpfung. Auf der einen Seite der amerikanische General David Petraeus: Er führte die 101. Airborne Division der US-Armee in den Irakkrieg, kämpfte sich mit seinen Soldaten durch den Süden von Bagdad, bevor seine Truppe in der größten Hubschrauber-Luftlandeoperation der Geschichte die umkämpfte Provinz und Guerilla-Hochburg Ninawa einnahm. Dort entwickelte er die Strategie, die inzwischen als »Counterinsurgency« bekannt ist. Heute ist Petraeus der Chef von ISAF-Kommandeur McChrystal und Vordenker des amerikanischen Militärs, von den Soldaten verehrt für die Wende, die er mit seinen unkonventionellen Konzepten im Irak brachte.

Auf der anderen Seite der deutsche Drei-Sterne-General Rainer Glatz, Kommandeur des Einsatzführungskommandos der Bundeswehr. Abgesehen von ein paar Monaten in Sarajevo machte er seine Karriere am Schreibtisch. Nie führte er Soldaten in einem Gefecht. Im Bundesverteidigungsministerium ist er berüchtigt dafür, über jedes noch so kleine Gespräch eine Notiz anzufertigen, um sich stets in alle Richtungen abzusichern. Von Potsdam aus führt er die Einsätze der Bundeswehr im Ausland. Man kann sich ungefähr vorstellen, wie viel Respekt ein solcher Schreibtischkrieger bei der Truppe genießt, wo inzwischen jeder 21-jährige Hauptgefreite in Kunduz mehr Kampferfahrung hat als der General, dem er folgen soll. Wenn man das erste Mal nach New York fährt, würde man sich kaum Tipps von jemandem holen, der am Kennedy-Flughafen vielleicht einmal zwischengelandet ist. Entsprechend wenig begeistert sind viele Soldaten davon, in einem Krieg von Männern geführt zu werden, die den Krieg nie gesehen haben.

In zehn oder fünfzehn Jahren vielleicht wird die Bundeswehr eine Führung haben, die selbst erlebt hat, was sie ihren Soldaten abverlangt. Aber den Afghanistan-Einsatz wird diese Armee mit Männern zu Ende bringen, die Karriere gemacht haben, weil sie sich auf dem politischen Parkett bewiesen haben, nicht in den Feldern der Provinz Kunduz.

Was das Handwerk des Krieges betrifft, waren die Soldaten der Bundeswehr vermutlich noch nie so gut wie heute. Sie haben inzwischen das gesammelt, was ihnen jahrzehntelang fehlte: Erfahrung. Mit steigenden Verlusten ernten sie auch in Deutschland immer mehr gesellschaftliche Anerkennung dafür, gute Soldaten zu sein.

Gleichzeitig aber drücken absurde bürokratische Regelungen und Mandatsbeschränkungen auf die »Moral der Truppe«. So durften deutsche Soldaten bis Mitte 2009 nur dann das Feuer eröffnen, wenn zuvor jemand auf sie geschossen hatte. Eine Gruppe schwer bewaffneter Aufständischer war kein legitimes Ziel, solange sie ihre Waffen nicht gegen die Bundeswehr erhoben. In den (inzwischen gelockerten) Einsatzregeln »für die Anwendung militärischer Gewalt« heißt es: »Militärische Gewalt gegen Personen ist grundsätzlich anzudrohen ... Die Androhung des Schusswaffengebrauchs erfolgt durch lauten Anruf. Englisch mit den Worten: »UNITED NATIONS – STOP, or I will fire!« Oder in Paschto mit den Worten: »Melgäro Mellatuna – Dreesch, ka ne se dasee kawum!« Wenn die Situation es zulässt, ist dieser Anruf zu wiederholen.«

Soldaten, die sich nicht an diese wirklichkeitsfremden Regeln hielten, mussten Ermittlungen deutscher Staatsanwälte fürchten.

»Wir mussten die Taliban teilweise durch auffälliges Verhalten auf uns aufmerksam machen, damit sie schossen oder wenigstens in Stellung gingen«, erzählte uns ein Hauptmann, der in Kunduz mehrere schwere Gefechte geführt hatte. »Erst dann durften wir zurückschießen.«

Obwohl dies kaum ein Soldat nachvollziehen kann, kann man sogar solche Regelungen bis zu einem gewissen Maß rechtfertigen. Ob jemand Freund oder Feind ist, weiß man in Afghanistan tatsächlich oft erst dann, wenn man beschossen wird. Es ist zwar unwahrscheinlich, dass drei Männer mit Kalaschnikows auf dem Weg zu einer Hochzeitsfeier sind, um dort gut gelaunt in die Luft zu feuern. Aber möglich ist es durchaus.

Oberst Michael Matz, bis Ende April 2010 Kommandeur der deutschen Quick Reaction Force im Norden Afghanistans, sagt: »Die Aufständischen tragen ihre Waffen meist nicht offen. Ihnen steht nicht ›Aufständischer‹ auf die Stirn geschrieben. Wenn wir beobachten, wie zwanzig Männer aus den Bergen zurück in einen Raum kommen, aus dem wir uns gerade zurückgezogen haben, dann sind das wahrscheinlich Aufständische. Aber wir können das nur vermuten, bis sie auf uns schießen – das ist das Dilemma.«

Die Einsatzregeln muten zwar oft abwegig an, sollten aber verhindern, was den Erfolg des Einsatzes am meisten gefährdet: zivile Opfer.

Vollends absurd hingegen sind viele gesetzliche Vorschriften, die man aus dem friedlichen Deutschland nach Afghanistan exportiert hat, zum Beispiel für die Mülltrennung in deutschen Feldlagern. Über Jahre hinweg sortierten die Soldaten ihren Müll, bevor er von afghanischen Entsorgungsunternehmen unweit der Feldlager wieder zusammengeschüttet und verbrannt wurde. Das Magazin der Bundeswehr, Y, applaudierte den strengen Regeln: »In Fragen des verantwortungsvollen Umganges mit Abfall lohnt stetige Aufklärung – im Einsatz ebenso wie in den Kasernen zwischen Flensburg und Garmisch-Partenkirchen.«

Oder zum Beispiel die Straßenverkehrsordnung im Feldlager Mazar-e-Sharif. Bewaffnet mit Radarpistolen überwachen die Feldjäger das strenge Tempolimit (15 km/h) und verteilen Knöllchen. Wir haben wohl keine anderen Probleme – das ist die Botschaft, die bei den Soldaten ankommt. Ein Feldwebel in Kunduz erzählte uns, dass bei seinen gepanzerten Fahrzeugen neun von sechzehn Maschinengewehren kaputt oder beschädigt waren. »Trotzdem galten die Fahrzeuge als einsatztauglich«, sagte uns der Soldat, »weil das auf Grundlage der Straßenverkehrsordnung und einer TÜV-ähnlichen Untersuchung bewertet wird. Ohne Maschinengewehr einsatzbereit. In Afghanistan. Das muss man sich mal vorstellen.«

Die Soldaten, die wir nach Afghanistan schicken, sind ungleich besser als die Institution, in der sie dienen. Sie improvisieren, wo die monströse Wehrverwaltung schnelle und unbürokratische Lösungen blockiert. Sie kämpfen gegen einen radikalen, kriegsgestählten Feind, während viele Generale und Verteidigungsbeamte sich vor allem für die Verteilungskämpfe der bevorstehenden Strukturreform wappnen. Sie versuchen, sauber und seelisch halbwegs intakt aus einem Krieg zurückzukehren, während das Verteidigungsministerium noch immer als größtes, schmutziges Schlachtfeld politischer Intrigen gilt. Sie haben durchgestanden, was ihre Dienstherren und Vorgesetzten – Minister, Generale, Staatssekretäre – jahrelang nicht einmal aussprechen wollten: Krieg.

Deutschland hat gute Soldaten. Aber sind sie gut genug für Afghanistan? »Wir dürfen nicht vergessen, wen wir in den Einsatz schicken«, sagte uns der Kommandeur der Quick Reaction Force, Oberst Michael Matz, bei einem Gespräch in Mazar-e-Sharif im April 2010. »Wir haben hier die Jungs, die in Deutschland der Oma die Einkäufe nach Hause tragen. Hier müssen sie gegen die Taliban kämpfen.«

»Ihr liebt das Leben, und wir lieben den Tod«, hieß es in der Bekennerbotschaft zu den Terroranschlägen von Madrid 2004. Die Taliban kennen den Krieg, die Deutschen kennen den Frieden. Es ist besser, den Frieden zu kennen – außer man ist in Afghanistan. Niemand kann vorhersagen, wie wir in zehn Jahren auf diesen Krieg blicken werden. Aber vielleicht müssen wir uns irgendwann eingestehen, dass wir junge Menschen in ein Land geschickt haben, in dem sie nie wirklich eine Chance gegen ihren Feind gehabt haben. Die deutschen Soldaten sind nicht grausam, aber sie stehen einem grausamen Gegner gegenüber. Die deutschen Soldaten sehnen sich nach ihrem Zuhause, ihr Feind kämpft zu Hause. Die deutschen Soldaten versuchen, Zivilisten zu verschonen. Sie winken den Kindern zu, verschenken Bonbons und telefonieren abends mit ihren Familien. Ihr Feind nutzt Zivilisten – Familien – als Waffe und Schutzschild.

Einmal fragten wir einen Bauern auf den Feldern bei Kunduz, wie er sich in der Dunkelheit der Nacht bewegen, wie er seine Wege finden würde. Er deutete auf seine schwieligen Füße. »Ich spüre, wo ich langgehe«, übersetzte der Dolmetscher die Antwort des Bauern. Die deutschen Soldaten blicken bei Dunkelheit durch ihre Nachtsichtgeräte. Sie sehen ihre Umgebung zwar als halbwegs scharfes grünes Flimmern. Aber sie werden diese Landschaften niemals fühlen, wie ihr Feind sie fühlt. Die deutschen Soldaten wurden gelehrt, militärische Gewalt als letztes Mittel zu betrachten. Ihrem Feind gilt Gewalt als stärkstes Symbol der Macht. Die deutschen Soldaten zählen die Tage, während ihr Feind mit aller Zeit der Welt auf den richtigen Moment zum Angriff lauert.

Vielleicht geht es gar nicht darum, ob die deutschen Soldaten gut genug sind. Vielleicht geht es vielmehr darum, dass sie zu gut sind für diesen Krieg. Dass sie zu viele

Skrupel haben, zu große Hemmungen. Soldaten, die sich nicht rächen, die nicht vergelten, sind gute Soldaten. Und der größtmögliche Sieg in einem Guerillakrieg ist, dort wieder herauszukommen, ohne all seine Werte geopfert und aufgegeben zu haben.

»Wenn die Taliban wollen, treten sie uns in den Arsch«, sagte uns ein Hauptgefreiter in Kunduz im Frühling 2010. Er war 23 Jahre alt und zuckte bloß mit den Schultern.

AUGEN RECHTS

Das Rollfeld des Flughafens von Termez, Usbekistan, liegt in der flirrenden Hitze eines Frühlingsnachmittags. Flugzeuge, Hubschrauber und Landebahn scheinen zu einer grauen, flimmernden Masse zu verschmelzen. Sanitäter schieben Tragen über den Asphalt. Auf den Tragen liegen Männer, die in frische Verbände gewickelt sind. Die Männer sind an Schläuche und Beatmungsgeräte angeschlossen. Sie sind auf dem langen Weg nach Hause.

Über eine Brücke der Grenzstadt Termez zog 1989 die geschlagene Rote Armee aus Afghanistan ab. Den Russen gilt die staubige Stadt in der Steppe noch heute als Synonym für Rückzug und Niederlage. Die Bundeswehr betreibt hier einen Strategischen Lufttransportstützpunkt, der Nachschub für Afghanistan wird über diesen Flughafen abgewickelt. Soldaten aus Deutschland landen hier, bevor sie die Transall-Transportmaschinen besteigen, die sie über die Berge bringen. Fracht, Ersatzteile, Elektronik, Briefe – Termez ist die Drehscheibe dieses Krieges. Es ist der Weg hinein nach Afghanistan.

Und es ist der Weg hinaus.

Die Soldaten, die nun auf Tragen über das Rollfeld geschoben werden, wurden wenige Tage zuvor, am 15. April 2010, schwer verwundet, als ein IED unter ihren Füßen explodierte. Sie rühren sich nicht, ihre Haut ist verbrannt, in der Wucht der Explosion waren selbst Sandkörner und winzige Steine zu Geschossen geworden und in ihre Körper eingedrungen. Verteidigungsminister Karl-Theodor zu Guttenberg steht bei den Verwundeten. Er geht von Trage zu Trage und blickt in ihre Gesichter. »Es gehört sich so, dass man seine Verwundeten nach Hause begleitet«, wird er noch sagen, bevor er mit ihnen ins Flugzeug steigt.

Soldaten verladen die Männer in einen speziell ausgestatteten Airbus der Luftwaffe, eine fliegende Intensivstation, Flugnummer GAF MED 2. German Air Force Medical Evacuation Two. Das Flugzeug soll sie nach Deutschland bringen. Dort wird für die Verwundeten eine Odyssee aus Operationen, Behandlungen und Therapien beginnen. Aber sie leben, sie kommen raus. Für sie ist der Krieg vorbei.

An diesem Nachmittag im April wird plötzlich sichtbar, wie tief Deutschland in den Krieg verstrickt ist. Die große Maschinerie ist angelaufen. Verwundete werden verladen, während nur einige Hundert Meter entfernt Soldaten auf ihren Flug nach Afghanistan warten. Irgendwo auf dem Flugplatz stehen Kühlcontainer für Gefallene bereit, während andere Männer in der Hitze Kisten mit Material verladen, während junge Männer an der hölzernen Bar dieses Feldlagers noch ein paar Bier trinken. Nachschub, Leiden, Leben, Mut antrinken, Tod, alles so nah beieinander, wie nur Krieg es mit sich bringt.

Um 19 Uhr 42 hören wir, wie der Airbus mit heulenden Triebwerken abhebt, Kurs Istanbul, um die Verwundeten in ein amerikanisches Krankenhaus zu bringen. Keine 48 Stunden später landet wieder eine Transall in Termez. An Bord die vier Särge der Soldaten, die am 15. April 2010 gefallen sind.

Wenige Tage zuvor haben wir in Mazar-e-Sharif den Mann getroffen, der die Zinksärge zulöten musste, eine hagere Gestalt in Uniform, schon etwas älter. Er stand für sich allein beim Bier. Er habe Schweißer gelernt, erzählte er. Er könne das eben, löten. Mehr sagte er nicht. Im Krieg versucht jeder, sich nützlich zu machen. Man braucht Menschen für Dinge, von denen sie nie geahnt haben, dass sie dazu fähig sein würden.

Die Toten können nicht sofort ausgeflogen werden. Über Deutschland hängt die Wolke aus Vulkanasche, der Himmel ist gesperrt. In Termez reden wir darüber, was die Familien denken müssen. Ihre Männer, Söhne, Brüder gefallen – und ausgerechnet in diesen Tagen die Aschewolke, die die Särge nicht nach Hause lässt. Woran auch immer man glaubt, man muss sich wohl verlassen fühlen.

Es dauert noch fast drei Tage, bis die Gefallenen endlich heimkehren können. Bei Nacht stehen wir wieder auf dem Rollfeld des Flughafens. 250 Soldaten sind angetreten. Sie werden mit derselben Maschine fliegen wie die Toten, die Lebenden stehen still in zwei langen Reihen vor einem riesigen, rot-weiß gestreiften Flughafenhangar. Kaltes, weißes Flutlicht wirft ein Spalier langer Schatten auf den dunklen Beton. Das graue Flugzeug wartet etwa 300 Meter entfernt mit geöffneter Frachtluke.

»Die Augen rechts!«, kommandiert ein Oberst, als sich die beiden Rolltore des Hangars behäbig öffnen. Hunderte Vögel, die auf den Hangartoren geschlafen haben, steigen nun auf und verfallen in ein lautes, unheimliches Krächzen.

Wir sehen die vier Särge im Hangar stehen, bedeckt mit der deutschen Fahne, auf jeder Fahne ein Kampfhelm. Darin liegen der Oberstabsarzt Dr. Thomas Broer, 33 Jahre alt; der Major Jörn Radloff, 38 Jahre alt, zwei Söhne, sieben und anderthalb; der Hauptfeldwebel Marius Dubnicki, 32 Jahre alt, eine vierjährige Tochter. Und der Stabsunteroffizier Josef Kronawitter, der lediglich 24 Jahre alt wurde.

Sechs Soldaten wachen neben jedem Sarg. Die Soldaten tragen weiße Handschuhe. Sie heben den ersten Sarg auf einen flachen Zugwagen aus Eisen und beginnen den letzten Weg zum Flugzeug. Wir hören ihren Gleichschritt. Wir hören, wie die Räder des Wagens über die Fugen im Beton ruckeln. Wir hören die summende Hebebühne, auf der der Sarg in den Frachtraum fährt. Vier Mal hören wir diese Geräusche, dann ist es vorbei. Im Frachtraum breiten zwei Männer grüne Felddecken über die Särge und verschnüren sie mit Gurten für den sechseinhalbstündigen Flug nach Deutschland.

Auf dem Rollfeld löst sich das Spalier auf, die Soldaten gehen zügig an Bord des Flugzeugs, nach vier Monaten in Afghanistan wollen sie nur schnell nach Hause. Auch das ist bezeichnend für den Krieg: Trauer und Erleichterung liegen dicht beieinander. Die Dankbarkeit, selbst am Leben zu sein, lässt nur wenig Raum für Betroffenheit.

Als wir im Morgengrauen in Köln landen, warten Familien im Ankunftsbereich. Sie haben Luftballons, Transparente, Frühstück dabei. Auch ein paar Jungs mit Bierkästen sind da, um ihre Kumpels abzuholen. Sie sehen nicht, dass nahe der Landebahn vier Leichenwagen parken.

Sechstes Kapitel

RUHET IN FRIEDEN, SOLDATEN!

Wer Soldaten durch Afghanistan begleitet, muss irgendwann an die Bilder des Vietnamkrieges denken. Junge Männer, die in langgezogenen Kolonnen durch eine fremd wirkende Landschaft patrouillieren. Die mit ihren Stiefeln im Schlamm der Felder einsinken. Die müden, gealterten Gesichter. Die Sandsack-bewehrten Außenposten, kleine Hügel mit militärischen Namen, Höhe 431, Höhe 432, von Schützengräben durchzogen. Ein paar verdreckte, schwer bewaffnete Jungs, die von da oben den Feind beobachten sollen – und nie zeigt sich dieser Feind. Hubschrauber, die im Tiefflug kistenweise neue Munition bringen, Staub aufwirbeln, das spärliche Gras mit ihren Rotoren niederdrücken. Soldaten, die mit freiem Oberkörper in der Sonne sitzen, sich die Zähne putzen, ein Gewehr reinigen, ihre Stiefel trocknen, sich rasieren. Gesandt, um den Kommunismus zu stoppen. Gesandt, um den Terrorismus zu stoppen. Die Bilder ähneln sich, die Geschichten ähneln sich.

»Wenn der Dominostein Afghanistan fällt, würden weitere folgen«, sagt Verteidigungsminister Guttenberg. »Wir sahen Vietnam als Dominostein, der weitere Steine anstoßen würde, wenn er fiele«, sagte Robert McNamara, von 1961 bis 1968 Verteidigungsminister der USA.

Wie wird es enden in Afghanistan?

Der Krieg wird Deutschland verändern, er hat Deutschland schon jetzt verändert. Im Verteidigungsministerium sitzt mit Karl-Theodor zu Guttenberg inzwischen ein junger Minister, der kaum älter ist als die Gefallenen, an deren Särgen er spricht. Die Worte seiner Trauerreden verleihen einem neuen Gefühl Ausdruck, einer gesellschaftlichen Anteilnahme am Schicksal der Soldaten und ihrer Familien, wie es sie in den letzten sechzig Jahren nicht gegeben hat. Millionen Menschen sitzen vor dem Fernseher, wenn die Trauergottesdienste übertragen werden. In den Kirchen versammeln sich nicht mehr ausschließlich Soldaten und höhere Beamte des Verteidigungsministeriums, sondern die Spitzen der deutschen Politik. Die Kanzlerin, der Außenminister, Ministerpräsidenten und Oppositionsführer.

Zweimal innerhalb von nur zwei Wochen sprach Guttenberg im April 2010 an den Särgen deutscher Soldaten, einmal im Norden des Landes, unweit von Bremen, einmal im Süden, im bayrischen Ingolstadt. Beide Male rief er den Toten zu:»Ruhet in Frieden, Soldaten!«

Diese Worte könnten zum Schlüsselsatz seiner Amtszeit werden – und zum Symbol eines neuen Umgangs mit einem Thema, das vorbelastet ist wie kein zweites in der Politik: Deutschland im Krieg.

»Ruhet in Frieden, Soldaten!« könnte für den Neubeginn einer Beziehung zwischen Gesellschaft und Soldaten stehen. Ebenso gut könnte sich dieser Satz in den kommen-

den Jahren zum geflügelten Wort für einen immer weiter
eskalierenden Krieg auswachsen. Am Ende des Krieges
könnte dieser Satz als Überschrift über der Geschichte eines gewaltigen, lohnenden Kraftaktes stehen. Oder aber
über einer Geschichte vom sinnlosen Sterben deutscher
Soldaten.

Niemand kann heute vorhersagen, wie der Einsatz in Afghanistan sich entwickeln wird. Sicher aber ist, dass dieser
Satz zu der Geschichte gehören wird, genauso wie der Minister, der ihn geprägt hat. Auch die Minister Franz Josef
Jung und Peter Struck haben an den Särgen von Soldaten
gesprochen. Aber man hatte nie das Gefühl, dass sie die
Verantwortung für den Tod dieser Männer wirklich auf
sich laden würden. »Ruhet in Frieden, Soldaten!« – dieser
Satz wird immer wieder zurückkehren, genau wie die Toten immer wieder zurückkehren werden. In fünf Jahren, in
zehn Jahren, noch in Jahrzehnten werden sie die deutsche
Außenpolitik prägen und die Frage stellen: War es das
wirklich wert?

Man wird diese Frage vielleicht nie abschließend beantworten können. Aber man kann Guttenberg schon heute
zugutehalten, dass er sie den Menschen immer wieder
aufzwingt.

Drei Wochen im April 2010 brachten den Krieg nach
Hause und veränderten das Land und die Politik. Sie begannen mit dem Karfreitag, dem 2. April, als drei Fallschirmjäger in einem Hinterhalt der Taliban starben. Sie
endeten am 24. April, als vier weitere Soldaten in Ingolstadt zu Grabe getragen wurden. Sieben tote Soldaten in
weniger als einem Monat. Alles, was jahrelang verheimlicht worden war, kam nun zum Vorschein. Die Ereignisse

dieser Wochen machen deutlich, wie ein knappes Jahrzehnt voller Versäumnisse und Beschönigungen ein gewalt-
sames Ende fand, wie die Realität des Krieges sich schließlich doch ihren Weg nach Deutschland bahnte, und wie
eine neue Führungsriege im Bundesverteidigungsministerium nun versucht auszusprechen, was ihre Vorgänger be-
schönigten.

»Liebe Angehörige«, sagte Minister Guttenberg auf der
ersten der beiden Trauerfeiern. »Mit Ihnen trauern wir,
trauert ein Land. Nicht verschämt oder im Verborgenen,
sondern gottlob offen. So offen, wie wir über die Realitäten
in Afghanistan sein müssen.«

Selsingen, am Ostermontag. In der Bäckerei, am Rat-
haus, in den Kneipen, überall hängen die kleinen Pla-
kate, auf denen »Glück ab!« steht, der Ruf der Fallschirmjäger. Das Bataillon 373 ist nur wenige Kilometer entfernt,
in der Kaserne Seedorf, stationiert. Vier Wochen zuvor
sind die Soldaten nach Afghanistan gezogen, Kunduz,
darüber hat man hier in Selsingen viel geredet, wie das
wohl sein mag dort, Kunduz, unsere Männer gehen nach
Kunduz.

Viele Soldaten wohnen mit ihren Familien hier in Selsingen. Man kann sich hier ein kleines Häuschen leisten, das
Land ist günstig, die Wohnstraßen sind fast ausnahmslos
Spielstraßen, Schrittgeschwindigkeit, bestens geeignet für
kleine Kinder, die Nachbarn sind nah, gestutzter Rasen
vor den Häusern, Rosen und gefegte Carports, man kann
so glücklich leben, vier Monate Kunduz, dann kommen
die Männer wieder.

Man kann sich vorstellen, was in diesen vier Monaten in
den Spielstraßen von Selsingen ein langsam heranrollen-

des Auto bedeuten würde. Aus dem Fenster spähen, über den Gartenzaun blicken, ob es ein Wagen der Bundeswehr ist, in dem ein Offizier und ein Geistlicher sitzen, ob er vor dem eigenen Haus hält, oder ob es nur die Nachbarn sind, die nach Hause kommen. Vier Monate lang, jedes einzelne Auto.

Drei Tage zuvor, am Karfreitag, hat so ein Auto vor dem Haus der Familie Bruns gehalten. Die Nachbarn wussten, was das zu bedeuten hatte. Nils Bruns, Hauptfeldwebel, würde aus diesem Krieg nicht zurückkehren. Seine Frau würde allein mit der zweijährigen Tochter zurückbleiben. Gefallen bei Kunduz.

Fahnenmasten stehen in einigen der ordentlichen Gärten in Selsingen, an diesem Ostermontag wehen die Flaggen auf Halbmast. Gegen halb zwölf geht in der aus Feldsteinen erbauten Sankt-Lamberti-Kirche der Ostergottesdienst zu Ende. Vier Kinder sind getauft worden. Während die Taufgesellschaft in einen nahen Gasthof weiterzieht, betreten mehrere Soldaten die Kirche. Sie messen aus, ob vor dem Altar ausreichend Platz für drei Särge ist. Zwei Soldaten gehen Arm in Arm durch die Tür des Kirchenschiffs, um zu prüfen, ob man einen Sarg hindurchtragen könnte.

»Eng, aber passt«, sagt einer der beiden Soldaten.

Vier Tage später, Freitag, 9. April 2010. Verteidigungsminister Guttenberg tritt ans Rednerpult der Kirche. In seinem Rücken der Altar, brennende Kerzen und die drei Särge der gefallenen Fallschirmjäger Nils Bruns, Robert Hartert und Martin Augustyniak. Guttenberg blickt in die verweinten Gesichter der Familien, die die ersten Reihen füllen. Auch eine Cousine des Gefallenen Robert Hartert

sitzt da. Sie ist mit ihm aufgewachsen, wenige Stunden vor
der Trauerfeier hat sie uns eine E-Mail geschrieben.

»Ich hatte die Nacht einen Traum, in diesem Traum waren so viele Bilder von Robert und seiner Familie«, heißt es
darin. »Eins hat mich sehr bewegt: Weihnachten 2008 hat
Robert meinen Sohn Jonathan auf dem Arm gehabt, das
war unser erstes Weihnachten mit Jonathan, er war noch
nicht einmal ein Jahr. Robert hielt ihn auf dem Arm, sie
schauten sich an und bewunderten sich mit ganzer Freude.
Dann fiel mir ein, ich habe gar kein Foto davon gemacht,
jetzt bin ich darüber traurig, aber eines weiß ich. Ich werde
meinem Sohn alles erzählen, wenn er groß ist, und ich
werde dieses Bild nie vergessen.«

Die E-Mail ist eine Momentaufnahme des Krieges. Sie
macht in einfachen Worten deutlich, wie viel im Kleinen
verloren geht, wenn jemand für das Große, »für Deutschland«, fällt.

»Ich denke jetzt als Mutter«, hat die junge Frau geschrieben, »weil von Robert werden wir solche Bilder nie mehr
bekommen mit seinen eigenen Kindern, das tut weh, weil
er wäre ein ganz wunderbarer Vater gewesen, da bin ich
mir sicher. Und unsere Kinder hätten unsere Träume weiter gelebt, hätten auch zusammen gespielt und die Welt
entdeckt.«

Guttenberg legt das Manuskript vor sich hin, er hat die
Rede in der Nacht zuvor verfasst. »So was lässt man sich
nicht schreiben, so was schreibt man selbst«, wird er ein
paar Tage später sagen.

Nach den verklemmten Jung-Jahren wirkt Guttenbergs
Rede befreiend. »Die drei Soldaten, um die wir heute so
sehr trauern«, sagt er, »haben in ihrem Eid geschworen,

der Bundesrepublik Deutschland treu zu dienen und das
Recht und die Freiheit des deutschen Volkes tapfer zu
verteidigen. Sie haben diesen Eid erfüllt. Sie waren tapfere, treue, wahrlich treue Soldaten. Sie waren auch
echte Patrioten. Sie sind für unser Land gefallen und ich
verneige mich in größter Dankbarkeit und Anerkennung.«

Vor der Kirche verfolgen Hunderte Menschen die Rede
an einer Großbildleinwand. Soldaten, Familien mit ihren
Kindern, Rentner, Nachbarn, Bekannte, Kameraden der
Gefallenen. Tapfere, treue Soldaten, echte Patrioten – auf
solche Worte haben viele von ihnen gewartet. Sie wirken
fast erleichtert. Aber die Erleichterung entspringt auch
dem Gefühl, dass es nun endlich raus ist, endlich mal gesagt, dass es jetzt vielleicht vorbei ist. Dabei ist es noch
lange nicht vorbei. In der afghanischen Provinz Baghlan,
über 6000 Kilometer von Selsingen entfernt, haben Aufständische bereits den nächsten Sprengsatz vergraben,
ein Draht führt von der Bombe durch die Böschung zu einem Auslöser. Die Aufständischen wissen, dass sie nur
Geduld haben müssen, bis die Deutschen kommen.

Vor den trauernden Familien erzählt Guttenberg von
seinen eigenen Kindern: »Eine meiner kleinen Töchter,
der ich versuchte, diesen Karfreitag und meine Trauer zu
erklären, fragte mich, ob die drei jungen Männer tapfere
Helden unseres Landes gewesen seien und ob sie stolz auf
sie sein dürfte. Und ich habe beide Fragen nicht politisch,
sondern einfach mit ›Ja‹ beantwortet.«

Guttenberg schließt seine Trauerrede mit den Worten:
»Ruhet in Frieden, Soldaten! Und seid in Gottes Segen ge-
borgen.«

Er lässt keinen Zweifel daran, dass diese drei Männer nicht irgendwie, nicht bei einem tragischen Unfall gestorben, nicht »einsatzbedingt ums Leben gekommen«, sondern als Soldaten im Krieg gefallen sind. Er bekennt damit auch, was in diesem Moment kaum jemand beachtet, nämlich dass die drei Männer unter seinem Kommando gestorben sind. Nach den Jahren Jungs, der stets versuchte, so viel Abstand wie möglich zwischen sich und den Krieg zu bringen, der nicht einmal mit dem Wort etwas zu tun haben wollte, sagt Guttenberg, dass es seine Toten sind – und er wird es zwei Wochen später noch deutlicher sagen.

Man kann darüber streiten, ob es angebracht ist, soldatisches Heldentum zu beschwören. Es gibt in den folgenden Tagen durchaus Stimmen, die Guttenberg vorhalten, es mit dem Pathos etwas übertrieben zu haben. Aber die Soldaten danken es ihrem Minister. Es wäre wohl auch naiv zu glauben, dass eine Armee im Krieg auf Dauer ohne Heldengeschichten auskäme. Solche Geschichten kommen von ganz allein, mit jedem Gefecht, und es ist sicher besser, wenn sie in der Öffentlichkeit spielen, statt im Verborgenen militärischer Strukturen. Vor allem aber löst Guttenbergs Rede eine Debatte darüber aus, wie Deutschland mit diesem Krieg und seinen Soldaten umgehen will.

Ein Trompeter spielt *Ich hatt' einen Kameraden*, als Soldaten die Särge der Gefallenen zu den Leichenwagen tragen. Durch ein Spalier von Fallschirmjägern rollen die Wagen aus der Stadt.

Dienstag, 13. April 2010. Vier Tage nach der Trauerfeier sitzen wir in einer Besprechungskabine des Regierungs-Airbus »Theodor Heuss«, zehntausend Meter über Russland. Minister Guttenberg ist auf dem Weg nach Usbekistan, von dort soll es weitergehen nach Afghanistan. Die Klimaanlage hat das kleine Konferenzabteil auf wenige Grad heruntergekühlt, Guttenberg sitzt im Hemd auf einem Klappstuhl, hinter ihm die Tür des Notausgangs mit dem kleinen Bullauge, über seinem Kopf das Leuchtschild mit der Aufschrift »EXIT«.

Der Minister redet über Perspektiven der ISAF-Mission, über die Bedrohung, die von den Taliban ausgehe, über General McChrystal und über die Deutschen und diesen Krieg. Er habe seit dem ersten Tag im Amt versucht, eine gesellschaftliche Kontroverse über Afghanistan zu führen, sagt er. Durch die Ereignisse vom Karfreitag seien die Menschen weiter für das Thema sensibilisiert worden. Auch von der Nacht, in der er die Trauerrede schrieb, erzählt Guttenberg. »Ich habe versucht, meiner Stimmung, meinen Gefühlen Ausdruck zu verleihen«, sagt er.

Schon jetzt hat Guttenberg diesen Krieg zu seinem Krieg gemacht. Er hat ihn in fünf Monaten stärker geprägt als die Minister Jung und Struck in acht Jahren zuvor. Machtpolitisch kann es kaum einen Anlass dazu geben. Kriege beenden Karrieren deutlich häufiger, als dass sie sie befeuern. Ein Mann kann die aufrichtigsten Trauerreden, die klügsten Strategievorträge halten, aber irgendwann wird die Zahl der Toten zwangsläufig stärker als die Kraft seiner Worte. Sozial-, Gesundheits-, Arbeitsmarktpolitiker können sich darauf verlassen, dass eine weitere Reform die Fehler ihrer eigenen Reform ausbessern wird. Die Toten eines Krieges hingegen bleiben für immer. Als Transatlantiker kennt Guttenberg die berühmten Worte des US-Senators und Vietnam-Veteranen John Kerry über den

amerikanischen Krieg in Südostasien: »Wie verlangen Sie
von einem Mann, der Letzte zu sein, der für einen Fehler
stirbt?« Niemand kann heute sagen, ob wir insbesondere
die späten Jahre des Afghanistan-Einsatzes nicht irgendwann als Fehler betrachten werden. Niemand kann die
Rolle des ersten Grabredners der Nation ernsthaft wollen.
Trotzdem scheint Guttenberg die Aufgabe anzunehmen.

Die erste Frage ist, warum er das überhaupt tut? Die
zweite Frage lautet, wie schnell er die schwersten Missstände der letzten Jahre beseitigen und den Krieg dabei
zu einem würdevollen, tragfähigen Ende führen kann?
Viele seiner Berater erzählen, Guttenberg wolle den Soldaten vor allem das Gefühl geben, dass sie für die bevorstehenden Jahre des Abzugs alles bekommen, was sie zu
ihrem Schutz brauchen.

Mittwoch, 14. April 2010. Auf dem sogenannten Ehren-
hain im Feldlager Kunduz enthüllt Karl-Theodor zu Guttenberg drei neue glänzende Messingplaketten, die an
einer Gedenkwand befestigt sind. In die Plaketten sind die
Namen der drei Gefallenen vom Karfreitag eingraviert,
Bruns, Hartert, Augustyniak. Drückend heiß und windstill
ist es auf dem staubigen Appellplatz. Guttenberg verneigt
sich und spricht ein paar Worte zu den angetretenen deutschen Soldaten.

»Wir sind auf Ihre Kraft, Ihre Stärke angewiesen«, sagt
er, »um den großen Herausforderungen zu begegnen. Ich
bin sicher, dass Sie diese auch im Geiste der gefallenen
Kameraden auf sich nehmen. Ich habe Ihnen in Selsingen
gesagt, was mir auf dem Herzen lag. Ich wünsche Ihnen
alles Gute und Gottes Segen für alles, was Sie für unser
Vaterland tun.« Zu dieser Stunde läuft achtzig Kilometer

südlich von Kunduz bereits die Operation Taohid II. Seit
dem frühen Morgen rücken deutsche Truppen auf eine
von den Taliban gehaltene Brücke vor, im NATO-Jargon
»Dutch Bridge« genannt.

Guttenberg hält noch eine kurze Dankesrede vor amerikanischen Soldaten, Rettungssanitätern, die am Karfreitag
die verwundeten Deutschen mit ihren Black-Hawk-Hub-
schraubern ausgeflogen haben. Unter Feuer und Einsatz
ihres eigenen Lebens, eines der Rotorblätter war anschließend von Kugeln durchlöchert. »Mehr als mutig« seien sie
gewesen, sagt Guttenberg zu den Amerikanern, der »In-
begriff von Alliierten«.

»Es tut mir leid, dass wir sie nicht alle retten konnten«,
sagt einer der amerikanischen Soldaten, Sergeant Antonio
Gattis. »Wir haben unser Bestes gegeben, um sie alle nach
Hause zu bringen. Zwei der Jungs, die gestorben sind, waren auf meinem Helikopter«, erzählt der Sergeant. »Ich
habe geholfen, sie auf einen Truck zu heben. Wir haben
sie zum Rettungszentrum gefahren, sie zugedeckt und vor
ihnen salutiert. Dann haben wir uns umarmt. War ein har-
ter Tag.«

Gattis' Geschichte passt zur Stimmung dieses Tages, zur
Stimmung der Reise. Entschlossenheit trotz der Trauer,
gemeinsame Anstrengung, tapferer Einsatz füreinander.
Allerdings nutzen solche Geschichten sich allzu schnell
ab. Sie klingen zermürbend gleich nach dem zweiten, dritten, vierten Mal, sie beginnen immer mit dem Notruf aus
den Funkgeräten: »Medevac! Medevac! Urgent!« und enden immer mit dem Tod von Menschen. Der nächste Einsatz der amerikanischen Rettungsflieger ist jetzt nur noch
rund 24 Stunden entfernt, Operation Taohid II verläuft ru-

hig bisher, einige kleinere Gefechte, ein afghanischer Soldat verwundet.

Auf dem Appellplatz spricht Guttenberg mit einem Soldaten. Feldwebel, Zugführer, kurze schwarze Haare, in voller Montur angetreten, eine Weste mit Magazinen, Funkgerät, ein Tattoo zieht sich den Hals des trainierten Mannes hoch, in gespannter Haltung steht er vor dem Minister. »Artillerie würde uns sehr helfen hier«, sagt er. »Das sehen meine Männer auch so.«

Guttenberg nickt. Noch am selben Abend gibt er im Feldlager Mazar-e-Sharif bekannt, dass er »so schnell wie möglich« zwei Panzerhaubitzen nach Kunduz verlegen lassen wird. »Wir schließen damit eine Fähigkeitslücke«, sagt er und wippt dabei auf den Fußballen. Gut möglich, dass das längst beschlossene Sache war, als er mit dem Feldwebel in Kunduz sprach. Aber er gibt den Soldaten so das Gefühl, dass sie ihn um Dinge bitten können und Gehör finden. Mit den Artilleriegeschützen trifft er eine unbequeme, symbolträchtige Entscheidung, vor der sich seine Vorgänger jahrelang gedrückt haben.

Noch am 18. März 2010 hatte sich der ehemalige Generalinspekteur Schneiderhan vor dem Kunduz-Untersuchungsausschuss gegen den Einsatz der Panzerhaubitze ausgesprochen. Artillerie sei nun mal »keine Waffe gegen Punktziele; sie ist eine Waffe gegen aufgeklärte Flächenziele«, so Schneiderhan. Der ehemalige Generalinspekteur übersah nicht nur, dass die Panzerhaubitze zum Beispiel auch Nebelvorhänge schießen kann, um Soldaten unter schwerem Feuer Deckung zu bieten, Verwundete evakuieren zu können und den Rückzug zu ermöglichen. Er ignorierte auch, dass nahezu alle Soldaten in Kunduz die Panzerhaubitze als Symbol der Unterstützung empfanden, als Anerkennung ihrer schwierigen Lage – und als Waffe, die in ausweglosen Situationen möglicherweise deutsche Leben retten könnte. Schneiderhan war offenbar eher besorgt um das eigene Image. Vor dem Ausschuss nörgelte er darüber, dass er wegen seiner Ansichten zur Panzerhaubitze selber unter »artilleristischem Schwerbeschuss« stehe. In Anbetracht der schweren Kämpfe bei Kunduz nicht gerade eine sensible Äußerung für einen General, der als Soldat nie ein Gefecht erlebt hat.

Nachdem Guttenberg seine Artillerie-Entscheidung vor den mitgereisten Journalisten bekannt gegeben hat, schließt er mit einem knappen Wort, das vielleicht symptomatisch ist für die wuchtigen Entscheidungen, die er gerne trifft. »Bumm«, sagt er.

An diesem Abend in Mazar-e-Sharif beklatschen mehr als tausend Soldaten Guttenbergs Entschluss. Sie lassen sich mit ihm fotografieren, trinken Bier und essen Würstchen mit ihm, erzählen ihm von ihrem Zuhause. Stets ist er umringt von einem Pulk blitzender Kameras. Im sogenannten Atrium des Feldlagers blühen prächtige Rosen, die Wände des großen Innenhofs sind akkurat gemauert, Weizenbiergläser stehen auf den Bistrotischen. Der Krieg könnte kaum ferner sein, aber in der Provinz Baghlan unweit der »Dutch Bridge« beziehen deutsche Soldaten ihre Wachposten für die anbrechende Nacht. Drei Männer legen sich dort zum letzten Mal in ihrem Leben zum Schlafen hin. Es ist diesig und kühl, aber wenigstens regnet es nicht.

15. April 2010, 14 Uhr 30. Vier Hubschrauber vom Typ CH-53 starten im deutschen Feldlager Feyzabad, im äußersten Nordosten Afghanistans. Schnell steigen sie über

die Berge, die das Feldlager einkesseln. Minister Guttenberg sitzt im ersten Helikopter. Auf einigen Gipfeln, die an
der offenen Heckluke des Hubschraubers vorbeiziehen,
liegt noch Schnee. Wind pfeift durch die dröhnend laute
Kabine, es sind acht Grad in dieser Höhe. Die Piloten halten Kurs auf Termez, Usbekistan. Die Afghanistanreise ist
beendet, das Feldlager Feyzabad war für Guttenberg die
letzte Station seines Truppenbesuchs. In ein paar Stunden
will der Minister mit seiner Delegation im Flugzeug nach
Deutschland sitzen.

Was zur selben Zeit in Baghlan an der »Dutch Bridge«
passiert, geht aus der Unterrichtung hervor, die das Verteidigungsministerium am nächsten Tag an die Abgeordneten schicken wird: »Die deutschen Kräfte waren in eine
Marschkolonne eingegliedert, die aus ISAF- und ANSF-
(Afghan National Security Forces) Kräften bestand. Das
letzte Fahrzeug dieser Kolonne war ein deutscher Eagle
IV. Kurz vor 14 Uhr 30 hielt die Marschkolonne vor der
Brücke an, vermutlich zur Durchführung einer Bespre-
chung. Um 14 Uhr 30 wurde gegen das letzte Fahrzeug
der Marschkolonne ein IED-Anschlag durchgeführt, bei
dem drei deutsche Soldaten getötet und fünf deutsche Soldaten verwundet wurden. Die betroffenen Soldaten befan-
den sich im angesprengten Fahrzeug sowie außerhalb ihrer Fahrzeuge um den Eagle IV herum.«

In Kunduz hören die amerikanischen Sanitäter um Sergeant Gattis ihre Funkgeräte knacken. »Medevac! Medevac! Urgent!« Sie laufen zu ihren Hubschraubern und fliegen Richtung »Dutch Bridge«. Schon von weitem sehen
sie den rauchenden, schwarzen Stahlklumpen, der eben
noch ein Fahrzeug war.

An Bord des CH-53-Hubschraubers beugt sich ein Soldat zu Minister Guttenberg. Er muss gegen den Lärm der Rotoren anschreien. Er brüllt Guttenberg ins Ohr, dass es wieder einen Anschlag gegeben hat, dass wohl wieder deutsche Soldaten tot sind, mehrere. Verlässliche Zahlen gibt es noch nicht. Die Explosion an der »Dutch Bridge« war so stark, dass es schwer ist, die Toten zu zählen. Und es ist noch immer nicht vorbei.

Weiter heißt es in der Unterrichtung des Verteidigungsministeriums an die Abgeordneten: »Eine zweite deutsche Marschkolonne, bestehend aus weiteren Bergekräften, wurde gegen 18 Uhr 30 beschossen. Dabei wurde das Fahrzeug des beweglichen Arzttrupps getroffen und der sich im hinteren Teil befindliche Arzt getötet. Die beiden Soldaten im Führerhaus des Fahrzeugs blieben unverletzt. Das Fahrzeug brannte aus.«

Als die Gefechte in Baghlan abklingen, haben die Deutschen vier Gefallene zu beklagen. Der Oberstabsarzt Dr. Thomas Broer, gefallen durch einen Panzerfaust-Treffer. Der Stabsunteroffizier Josef Kronawitter, der Major Jörn Radloff und der Hauptfeldwebel Marius Dubnicki, alle getötet in der Explosion des IEDs.

Nach der Landung im usbekischen Termez telefoniert Guttenberg mit Kanzlerin Merkel. Er sagt auch seiner Familie Bescheid, dass er doch noch nicht nach Hause kommt. Dann fliegt er zurück nach Mazar-e-Sharif, zu den Verwundeten und den Toten.

Die Ereignisse vom 15. April 2010 machen auf mehreren Ebenen deutlich, wie schwer es selbst für Guttenberg werden dürfte, dem Einsatz in Afghanistan noch so etwas wie eine Wendung zum Guten zu geben. Zwar hat er schon

nach wenigen Monaten im Amt erreicht, dass die deutschen Soldaten sich nicht mehr von ihrer politischen Führung vernachlässigt und von der Gesellschaft vergessen
fühlen. Aber viel mehr als ein »Abschied in Würde« aus
Afghanistan scheint kaum noch möglich.

Die Taliban und andere Gruppen von Aufständischen
haben in der Vergangenheit mehrfach bewiesen, dass sie
es verstehen, das Nachrichtengeschehen in Deutschland
zu bestimmen. Als am Karfreitag drei deutsche Soldaten
im schwersten Gefecht seit Ende des Zweiten Weltkriegs
starben, war Entwicklungshilfeminister Dirk Niebel gerade auf Afghanistan-Reise. Er wollte, dass die deutschen
Medien über die Erfolge des zivilen Wiederaufbaus berichten. Stattdessen bestimmten die Taliban das Thema,
indem sie drei Deutsche töteten. Mit dem Osterwochen-
ende wählten sie obendrein die höchsten Feiertage der
christlichen Kultur für ihren Angriff. Auch die koordinier-
ten Attacken auf verschiedene deutsche Patrouillen während des Guttenberg-Besuchs dürften kein Zufall gewesen
sein.

Seit Beginn der ISAF-Mission haben deutsche Soldaten
dazu beigetragen, die Strukturen des Terrornetzwerks al-
Qaida in Afghanistan zu zerstören. Hochrangige al-Qaida-
Anführer, die vor dem 11. September von Afghanistan aus
operierten, sind tot, gefangen genommen oder auf der
Flucht. Viel mehr ist nicht zu erreichen. Es wird an Guttenberg liegen, in den bevorstehenden Jahren des Rückzugs
diese positive Nachricht zu unterstreichen und den Krieg
somit vielleicht zu dem Zweck zurückzuführen, mit dem er
2001 begonnen hat. Eine direkte Gefährdung für den Westen geht schon jetzt nicht mehr von Afghanistan aus. Ame-

rikanische Luftwaffenstützpunkte wie die in Kandahar oder Bagram, schlagkräftige US-Spezialeinheiten, die gezielt gegen Terrorzellen vorgehen, und Hunderte Drohnen am Himmel werden vermutlich auch in den nächsten Jahrzehnten dafür sorgen, dass sich daran nichts ändert.

Die Ereignisse vom 15. April 2010 zeigen auch, wie schwer es für die Bundeswehr sein wird, in der afghanischen Armee einen halbwegs verlässlichen Partner zu finden. Wenige Wochen vor dem verheerenden IED-Anschlag an der »Dutch Bridge« waren deutsche Truppen schon einmal mit afghanischen Soldaten in der Region. Ziel der Operation Taohid I war es, Aufständische aus dem Gebiet zu vertreiben. Anschließend sollten afghanische Soldaten und Polizisten in die Dörfer einziehen, um die Bevölkerung vor den Taliban zu schützen. Mit ihren gepanzerten Fahrzeugen und schweren Waffen räumten die Soldaten der Bundeswehr den afghanischen Alliierten den Weg frei. Doch statt die Bevölkerung zu beschützen, so berichten deutsche Soldaten, zogen die afghanischen Soldaten plündernd durch die Dörfer. »Essen, Möbel – die haben alles mitgenommen, was sie zum Leben brauchten«, erzählt ein deutscher Soldat. »Aber auch Elektrogeräte waren sehr beliebt.«

Die afghanischen Soldaten bestätigten mit ihrem rabiaten Vorgehen alle Vorurteile der lokalen Bevölkerung gegen ihre eigene Regierung und ihre eigenen »Sicherheitskräfte«. Aber nicht nur das. Man kann davon ausgehen, dass die plündernden Soldaten auch eben jenes Unterstützer-Umfeld schufen oder bestärkten, in dem Taliban und andere Aufständische Unterschlupf fanden und genau den Sprengsatz vergraben konnten, der wenig später drei Deutsche das Leben kosten sollte.

Die Bundeswehr kämpft in Afghanistan nicht nur gegen die Taliban, sondern auch gegen die Umtriebe der unkontrollierbaren afghanischen Armee. Während die Deutschen immer wieder versuchen, der afghanischen Bevölkerung Verlässlichkeit und Rechtsstaatlichkeit zu vermitteln, nutzen die afghanischen Verbündeten zu häufig die Macht ihrer Uniform aus. Die Bevölkerung hat immer wieder die Erfahrung gemacht, dass es besser ist, sich mit allen Mitteln gegen die anrückende afghanische Armee und ihre westlichen Alliierten zu wehren.

»Wenn die afghanische Armee das Beste ist, was wir den Afghanen bieten können«, sagt ein Offizier im Verteidigungsministerium, »dann haben wir den Afghanen nicht viel zu bieten.«

Auch deutsche Kommandeure in Afghanistan gestehen ein, dass sie oft nicht wissen, wem sie überhaupt vertrauen können. Und das, obwohl deutsche Soldaten sich bei den lebensgefährlichen Operationen eigentlich auf ihre afghanischen Partner verlassen müssen, obwohl sie gemeinsam mit ihnen kämpfen sollen. »Es gibt Familien, da ist ein Sohn bei der Armee, ein Sohn bei der Polizei und ein Sohn bei den Taliban«, sagt der ehemalige QRF-Kommandeur Oberst Michael Matz.

Die enge Zusammenarbeit mit den afghanischen Sicherheitskräften, die »Übergabe in Verantwortung« mag als politisches Ausstiegsszenario funktionieren. Diese Strategie wird es in nicht allzu ferner Zukunft vermutlich ermöglichen, die afghanische Armee für ausreichend fähig zu erklären, um das Land in afghanische Hände zu legen und gesichtswahrend abzuziehen. Aber für die Soldaten im täglichen Einsatz ist das Konzept hoch riskant und wenig nachhaltig. Immer wieder müssen sie die Konsequenzen für das tragen, was ihre afghanischen »Partner« anrichten.

Karl-Theodor zu Guttenberg weiß sowohl um die Risiken als auch um die schweren Vorbehalte seiner Soldaten gegen die afghanische Armee und Polizei. Gleichzeitig weiß er, dass ein abrupter Ausstieg Deutschlands aus der ISAF-Mission, ein schneller Abzug, politisch nicht möglich ist. Es geht vor allem um Bündnistreue gegenüber den USA. Wohl auch deshalb versucht er, den deutschen Soldaten im Eiltempo bessere Ausrüstung, schwerere Waffen und vor allem mehr gesellschaftliche Anerkennung zu verschaffen. Die Einsatzausbildung will er zusammen mit Generalinspekteur Volker Wieker so schnell wie möglich an den modernen Konzepten der »Counterinsurgency« ausrichten. Viel mehr kann er für die Soldaten, die diesen Einsatz zu Ende bringen müssen, kaum tun.

Samstag, 24. April 2010. Im Liebfrauenmünster in Ingolstadt stehen aufgebahrt die Särge der vier Gefallenen vom 15. April. Wieder blickt Guttenberg in die Gesichter der Familien, der Angehörigen. Seine Rede ist deutlich politischer als seine Ansprache zwei Wochen zuvor in Selsingen. Er sagt, seine Worte könnten »nicht wirklich trösten«. Dennoch, sagt Guttenberg in Richtung der Angehörigen, »müssen sie gefunden werden, da ich durch mein Amt persönlich, als Verteidigungsminister, als Regierungsmitglied und Parlamentarier Verantwortung für Ihre Trauer trage.«

Man kann das durchaus als Wink verstehen an all die anderen Abgeordneten des Bundestags, die dem Einsatz zugestimmt haben. Von ihnen hat sich in den acht Jahren des Krieges kein einziger so deutlich dazu bekannt, Ver-

antwortung für den Tod von Soldaten, für das Leid ihrer
Familien zu tragen. Und Guttenberg geht noch weiter: »In
politischer Verantwortung hat man Sie, verehrte Angehörige, auch um Verzeihung zu bitten.«

Fast scheint es an diesem Tag so, als wolle Guttenberg
die Deutschen dazu zwingen, sich endlich mit der Frage
zu beschäftigen, was für ein Land sie in diesem Krieg sein
wollen.

»Die Frage nach dem Sinn bleibt zurück«, sagt er. »Die
Antwort hat auch mit uns selbst zu tun – einer Gesellschaft, in der auch bequemes Beiseitestehen verbreitet ist,
einer Gesellschaft, in der für viele Worte wie ›Dienen‹,
›Dienst‹ oder ›Tapferkeit‹ als überkommene, altmodische
Begriffe gelten. Was müsste es für ein Gefühl sein, unter
steter Lebensgefahr einem Land zu dienen und dienen zu
wollen, das diesen Dienst allenfalls freundlich-distanziert
zur Kenntnis nimmt.«

Die Deutschen haben nie gelernt, wie ein demokrati-
sches Land mit Krieg, Tod und Verwundung umgehen
kann. Eine »Kultur des Krieges«, wie der Historiker Martin van Creveld es nennt, gibt es in Deutschland nicht. Man
kann durchaus der Ansicht sein, dass sich die Worte Kultur
und Krieg ohnehin unversöhnlich gegenüberstehen, besonders in Deutschland. Man kann es als Errungenschaft
betrachten, dass es nach zwei Weltkriegen in Deutschland
keine »Kultur des Krieges« mehr gibt. Man muss dann
aber auch die Frage beantworten, ob eine Gesellschaft
jedes Jahr Tausende junger Menschen mit großer parla-
mentarischer Mehrheit in einen Krieg schicken darf, während sie die Rituale, die Orden, all das, was man als Kultur
bezeichnen könnte, ablehnt. Es ist inkonsequent und zu

einfach, gegen die »Kultur« zu sein, die der Krieg mit sich bringt, den Krieg selbst aber geschehen zu lassen.

In seiner Trauerrede in Ingolstadt spannt Guttenberg den Bogen zwischen den Kriegen des 20. Jahrhunderts und dem Krieg des 21. Jahrhunderts. Unter den Angehörigen sitzen auch die Witwen von Major Radloff, der zwei Söhne zurücklässt, und von Hauptfeldwebel Marius Dubnicki, der eine kleine Tochter hat.

»Ich bin Teil einer Generation, die den Satz ›Mein Vater ist im Krieg gefallen‹ dankbar und glücklich nicht mehr aussprechen musste«, sagt Guttenberg. »Nun gibt es unter völlig anderen Vorzeichen seit einigen Jahren wieder Gefallene und Verwundete, auch Kriege, gewiss gänzlich anderer Dimension. Und es gibt Kinder, die sich nicht mehr an das Bild, die Augen, die Umarmung ihres Vaters erinnern können, ihn vielleicht nicht einmal kannten oder kennenlernen sollten. Dies zu beschreiben, ist nicht Pathos, sondern erkannte Realität und Notwendigkeit. Wie sonst sollte man jene stützen, die uns anvertraut sind und die des Haltes einer dankbaren Gesellschaft bedürfen.«

Nach einem knappen Jahrzehnt der Ignoranz beginnt die deutsche Politik, sich die Realitäten des Krieges in Afghanistan einzugestehen. Alle Kriege haben gemein, dass sie Leben zerstören, trauernde Familien und Waisen zurücklassen, Krüppel und Verstümmelte hervorbringen. Viele Kriege ähneln sich darin, dass sie in der historischen Betrachtung nicht mehr so zwingend notwendig erscheinen wie in der Zeit, in der sie geführt wurden. Ersteres trifft auch auf Afghanistan zu, Letzteres wird die Zukunft zeigen.

Die zahlreichen Gefallenen des Frühlings 2010 haben
bewiesen, dass auch eine Gesellschaft die Folgen des
Krieges, den sie führt, nicht auf Dauer ausblenden kann.
Je mehr man einen Krieg verdrängt, desto schockierender
erscheinen seine Konsequenzen.

Die Mehrheit der Deutschen ist gegen den Einsatz in Afghanistan. Aber einfach nur gegen etwas so Fundamen-
tales wie Krieg zu sein, reicht nicht aus, um sich vor der
Verantwortung dafür zu drücken. Eine Gesellschaft, die
aufrichtig gegen einen Kriegseinsatz ist, muss laut dagegen demonstrieren und kann nicht bloß den bequemen
Weg anonymer Meinungsumfragen wählen. Beispiele sind
die USA zur Zeit des Vietnamkrieges, aber auch Deutschland vor dem Irakkrieg. Jahrelang gab es zwischen den
deutschen Politikern und ihren Wählern so etwas wie einen Schweigepakt zum Thema Afghanistan. Die Politiker
redeten nicht viel drüber, die Wähler fragten nicht wirklich nach. Die Leidtragenden waren die Soldaten, die zwar
für Deutschland in den Krieg zogen, für deren Geschichten sich aber niemand wirklich interessierte. Viel mehr
kann man als Gesellschaft kaum tun, um eine frustrierte,
enttäuschte und vom zivilen Alltag abgekapselte Armee
zu schaffen – mit Sicherheit das Letzte, was man in
Deutschland will.

Aber was will man in Deutschland? Wie soll die Bundeswehr nach Afghanistan aussehen?

Einen großen Krieg mit Panzerschlachten auf europäi-
schem Boden wird es kaum noch einmal geben. Mit dem
Irakkrieg, an dem Deutschland ohnehin nicht teilnahm,
haben wir vermutlich die letzte umfassende Invasion eines
souveränen Staates durch Truppen von NATO-Ländern

gesehen. Zu verlustreich, zu kostspielig waren die folgenden Jahre der Besatzung, als dass sich ein vergleichbarer
Plan noch einmal politisch durchsetzen ließe. Auch eine
für solche Szenarien ausgebildete Armee braucht man
also nicht mehr.

Ein Abschreckungspotenzial auf Nachbarstaaten ging
von der Bundeswehr für sich genommen nie wirklich aus
und wäre in der heutigen Situation eines vereinten Europas auch völlig überflüssig – also ebenfalls keine Existenz-
berechtigung für die deutsche Armee.

Mit dem nahenden Ende des Afghanistan-Krieges wird
die Sinnsuche der Bundeswehr beginnen. Denn auch zermürbende Abnutzungskriege wie am Hindukusch wird es
in Zukunft nicht mehr mit deutscher Beteiligung geben. Es
ist kaum vorstellbar, dass Deutschland in den nächsten
zehn Jahren ein Kontingent von einigen Tausend Soldaten
nach Somalia oder in den Jemen, die neuen Rückzugs-
gebiete des internationalen Terrorismus, schicken wird. Es
gäbe für solche Einsätze weder politische Mehrheiten
noch überzeugende Erfolgsaussichten. Auch die Vereinig-
ten Staaten werden nach rund 5000 toten Soldaten im Irak
und in Afghanistan vermutlich nur noch sehr dosiert auf
ihre militärische Macht zurückgreifen. Spezialeinheiten
und Drohnen, ausgestattet mit Raketen und gesteuert am
Joystick in klimatisierten Räumen in den USA, werden die
Aufgabe des gezielten Tötens immer mehr übernehmen.

Im Umfeld der einflussreichen US-Generale David Petraeus und Stanley McChrystal denkt man zurzeit darüber
nach, das Konzept der »Counterinsurgency« in Zukunft
präventiv anzuwenden. Aufstandsbekämpfung, bevor
Aufstände überhaupt entstehen. »Es geht darum, poten-

zielle Krisenregionen, von denen irgendwann eine Gefährdung für uns ausgehen könnte, frühzeitig zu identifizieren«, sagt ein Berater von General McChrystal. »Regionen,
die von Katastrophen betroffen sind. Regionen, die nicht
ausreichend Zugang zu Trinkwasser haben. Regionen, die
einen besonders hohen Anteil junger, arbeitsloser Männer
haben und damit anfällig für Extremismus sind. Es ist
durchaus denkbar, in solchen Regionen die Armee einzusetzen, um politische und gesellschaftliche Stabilität her-
zustellen, vielleicht sogar auf Einladung der jeweiligen
Regierungen, die das Gefährdungspotenzial für ihre Sou-
veränität erkannt haben.«

Die rund tausend Fallschirmjäger, die US-Präsident
Barack Obama nach dem verheerenden Erdbeben im Januar 2010 nach Haiti entsandte, um die anarchischen Zustände vor Amerikas Haustür zu beenden, könnten ein
erster Testlauf für diese Strategie gewesen sein. Soldaten,
die nicht mehr gegen Aufständische kämpfen, sondern
versuchen, Aufstände zu verhindern. Die Sicherheit in Regionen bringen, in denen radikale Kräfte drohen, die
Macht zu übernehmen. Soldaten als Bewacher gezielt ein-
gesetzter Entwicklungs- oder Katastrophenhilfe. Ein inte-
ressanter, aber in Anbetracht kultureller und religiöser
Konflikte auch durchaus riskanter Ansatz. Denn genauso
wie Truppenpräsenz Sicherheit signalisieren kann, kann
sie Aufstände – gewissermaßen als Trotzreaktion – auch
befördern.

Die politische und militärische Führung der Bundeswehr
wird entscheiden müssen, ob sie solchen Konzepten folgen will. Mit einigen wenigen Reden, Interviews und Entscheidungen hat Minister Karl-Theodor zu Guttenberg

den Krieg in Afghanistan zu seinem Krieg gemacht – und damit auch die Fragen, die sich aus diesem Einsatz ergeben, zu seinen Fragen. Die Frage, wie eine Gesellschaft mit ihren Soldaten umgehen sollte, beantwortete Guttenberg auf der Trauerfeier für die vier Gefallenen in Ingolstadt: »Tod und Verwundung sind Begleiter unserer Einsätze geworden. Und sie werden es auch in den nächsten Jahren sein. Wohl nicht nur in Afghanistan. Und dies verpflichtet uns daher besonders, diese Einsätze, Tod und Verwundung in unserem Denken niemals, wirklich niemals zur Routine werden zu lassen.«

Kriege lassen sich nicht verheimlichen, ignorieren und aussitzen. Vielleicht bleibt das von Afghanistan.

ANMERKUNG DER AUTOREN

Wir haben für dieses Buch die Wir-Perspektive als Erzählform gewählt. Das bedeutet nicht, dass bei allen hier beschriebenen Begebenheiten, Ereignissen und Gesprächen beide Autoren anwesend waren. Einiges haben wir gemeinsam erlebt, andere Situationen jeweils allein oder zusammen mit einem der Fotografen, mit denen wir regelmäßig arbeiten und nach Afghanistan reisen.

Diesen beiden Fotografen, Andreas Thelen und Till Budde, gebührt unser Dank. Von ihrer Erfahrung, ihrem Mut und ihrem Engagement haben wir unzählige Male profitiert.

DANKSAGUNG

Wir möchten uns bei einigen Menschen bedanken, ohne die dieses Buch nicht möglich gewesen wäre. Einige davon können wir nicht namentlich nennen. Ihnen gilt unser ganz besonderer Dank, da sie ein persönliches Risiko auf sich genommen haben, um uns mit wichtigen Informationen und Dokumenten zu versorgen. Sie wissen, wer gemeint ist.

Wir möchten auch denjenigen Presseoffizieren danken, die unsere Arbeit unterstützt haben. Genau wie wir hoffen sie darauf, dass die Bundeswehr Journalisten in Zukunft mehr Zugang zu Soldaten und Operationen gewähren wird. Es gibt positive Anzeichen dafür. Wir hoffen, dass es so weiter geht. Auch die Presseoffiziere wissen, wen wir meinen.

Darüber hinaus möchten wir uns bei unserem Verleger Jürgen Horbach bedanken, der dieses Buch mit seiner Begeisterung vorangetrieben hat.

Bei unserem Lektor Stefan Mayr, der in kurzer Zeit aus einem Manuskript ein Buch gemacht hat.

Bei Karin Graf für die wunderbare Vertretung und die inspirierenden Gespräche.

Bei Kai Diekmann für all die Freiheiten und Arbeitsbedingungen, die wir so sonst nirgendwo gehabt hätten, besonders in der Kunduz-Affäre.

Bei Tom Drechsler, Nikolaus Blome und Rolf Kleine für das Vertrauen und die Unterstützung bei unseren Recherchen.

Meiner Frau Indre danke ich für ihre Liebe und ihren Rat. Meinen Eltern, die mich immer unterstützt haben, auch und besonders, wenn es mal eng war. Meinem Freund Frank, der mich angesteckt hat mit der Begeisterung für unseren wunderbaren Beruf. Emma, Mia und Nicole. Meinem Opa, der für Axel Springer und Ullstein gearbeitet hat und damit fast so etwas wie ein Kollege war. Schade, dass Du das nicht mehr erlebst!
Jan Meyer im Mai 2010

Mein Dank gilt meinen besten Freunden, die immer da waren, wenn es wirklich wichtig war. Sie wissen, wen ich damit meine. Meinen Eltern, die mich nie ihre Sorge spüren lassen – und immer ihre Unterstützung. Meiner Schwester Katinka, die mich beschützt. Und in Liebe danke ich meiner Frau Muna, die mich immer wieder gehen lässt.
Julian Reichelt im Mai 2010

Die Autoren erreichen sie unter
reicheltundmeyer@googlemail.com

EDITORISCHE NOTIZ

Drucklegung dieses Buches war der 12. Mai 2010. Bis zu diesem Tag starben in Afghanistan 43 deutsche Soldaten, 146 wurden verwundet. Deutschland müsse, so Verteidigungsminister Karl-Theodor zu Guttenberg, »auch künftig mit Gefallenen und Verwundeten rechnen.«

Weitere Titel
von Fackelträger

Fackelträger

Über den Aufstieg
des Freiherrn aus Franken

Anna von Bayern
Karl-Theodor
zu Guttenberg
Aristokrat, Politstar,
Minister
Gebunden,
mit Schutzumschlag
ca. 224 Seiten,
ca. 40 Abbildungen
Format: 14 x 21,5 cm
ISBN: 978-3-7716-4453-6
€ 19,95

Die Geschichte des Dr. Karl-Theodor Freiherr zu Guttenberg ist eine ziemlich wilde: Da wird der Baron eines
uralten Adelsgeschlechts über Nacht zum jüngsten Wirt-
schaftsminister der Bundesrepublik und mitten in ihrer
schwersten Wirtschaftskrise zum Wahlkampfmagneten der
Union. Binnen weniger Monate ist er der beliebteste
Politiker, sodass auch eine Affäre im neuen Amt als Verteidigungsminister ihm keinen Schaden zufügt. Wer ist dieser
Popstar der deutschen Politik? Wie war sein Raketenstart
möglich? Und was haben wir noch von ihm zu erwarten?
Dieses Buch begleitet ihn, vom Berliner Nachtleben zu
seinen Wahlkampfauftritten, vom Besuch bei McDonald's
bis ins Verteidigungsministerium.

Mit zahlreichen privaten Fotos

Fackelträger

»Ein bemerkenswertes Buch«

NDR Kulturjournal

»Ich krieg mich nicht
mehr unter Kontrolle«
Kriegsheimkehrer der
Bundeswehr
Hrsg. von
Ute Susanne Werner
Gebunden,
mit Schutzumschlag
288 Seiten
Format: 14 x 21,5 cm
ISBN: 978-3-7716-4438-3
€ 19,95

»Ich bin kälter geworden. Ich habe vieles in mich hineingefressen; so manches konnte ich erst nach dem Einsatz verarbeiten.«

»Wir wurden von allen Seiten beschossen und konnten uns nicht verteidigen. Das nagt an einem, man fühlt sich irgendwie ausgeliefert.«

»Ich leide ganz extrem, wenn mein Sohn im Einsatz ist.«

»Wer im Einsatz war, egal wo, und nach Hause zurückkommt und sagt: Alles ist wie vorher, es hat sich nichts verändert – der lügt. Das gibt es nicht.«

Fackelträger

»Dieser Krieg ist nicht zu gewinnen.«

Helmut Schmidt, Bundeskanzler a. D.

Deutsche Soldaten
im Krieg
Die Bundeswehr
in Afghanistan
Eine Bilddokumentation.
Mit einem Text von
Stefan Kornelius
Gebunden,
mit Schutzumschlag
144 Seiten,
107 farbige Abbildungen
Format: 21 x 27 cm
ISBN: 978-3-7716-4459-8
€ 29,95

Wie kann das, was deutsche Soldaten in Afghanistan
erleben und erleiden, beschrieben werden? Diese Bilddokumentation gibt mit über 100 Farbfotografien erstmals
eine Antwort. Mit ihren beklemmenden Aufnahmen zeigen
sowohl professionelle Fotoreporter als auch ein Bundes-
wehrsoldat, was seit 2002 am Hindukusch geschieht.

»Ich selbst verstehe jeden Soldaten, der sagt:
›In Afghanistan ist Krieg, egal ob ich nun von
ausländischen Streitkräften oder von Taliban-Terroristen
angegriffen, verwundet oder getötet werde.‹«
Karl-Theodor zu Guttenberg, Verteidigungsminister

Fackelträger